铁血文库

世界顶级狙击手

THE SNIPER ANTHOLOGY

[英] 丹·米尔斯等◎著

朱红◎译

时代文艺出版社

图书在版编目（CIP）数据

世界顶级狙击手 / （英）米尔斯等著；朱红 译．—长春：时代文艺出版社，2015.5（2017.8 重印）
书名原文：The sniper anthology

ISBN 978-7-5387-4164-3

Ⅰ．①世… Ⅱ．①米… ②朱… Ⅲ．①特种部队－概况－世界 Ⅳ．①E156

中国版本图书馆CIP数据核字（2015）第018006号

出品人　陈　琛
产品总监　郭力家
责任编辑　方　伟
装帧设计　孙　利
排版制作　李玉龙

吉林省版权局著作权合同登记　图字：07-2015-4456号

世界顶级狙击手

［英］丹·米尔斯等著　朱红 译

出版发行 / 时代文艺出版社
地址 / 长春市泰来街1825号　时代文艺出版社　邮编 / 130011
总编办 / 0431-86012927　发行部 / 0431-86012957　北京开发部 / 010-63108163
网址 / www.shidaicn.com
印刷 / 三河市京兰印务有限公司
开本 / 710mm × 1000mm　1 / 16　字数 / 146千字　印张 / 14
版次 / 2015年6月第1版　印次 / 2017年8月第2次印刷　定价 / 42.80元

图书如有印装错误　请寄回印厂调换

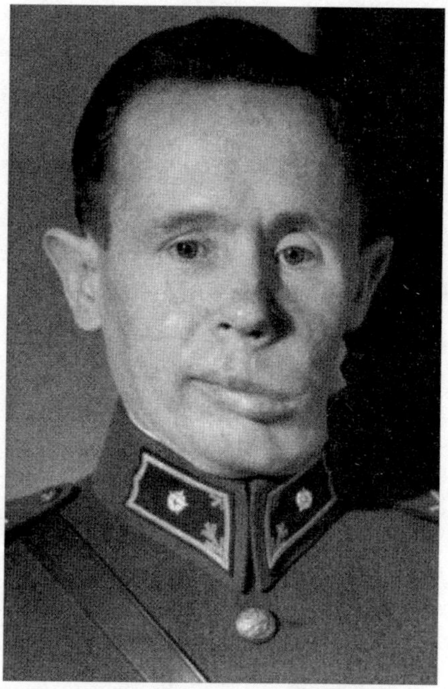

◎ 左图为执行任务中的西蒙·海耶，右图为遭受重伤后的西蒙·海耶

◎ 配备PE瞄准具的苏联莫辛-甘纳1891/30步枪，为东部战线上广泛使用的步枪和瞄准具组合。莫辛-甘纳狙击步枪在芬兰狙击手中也深受欢迎

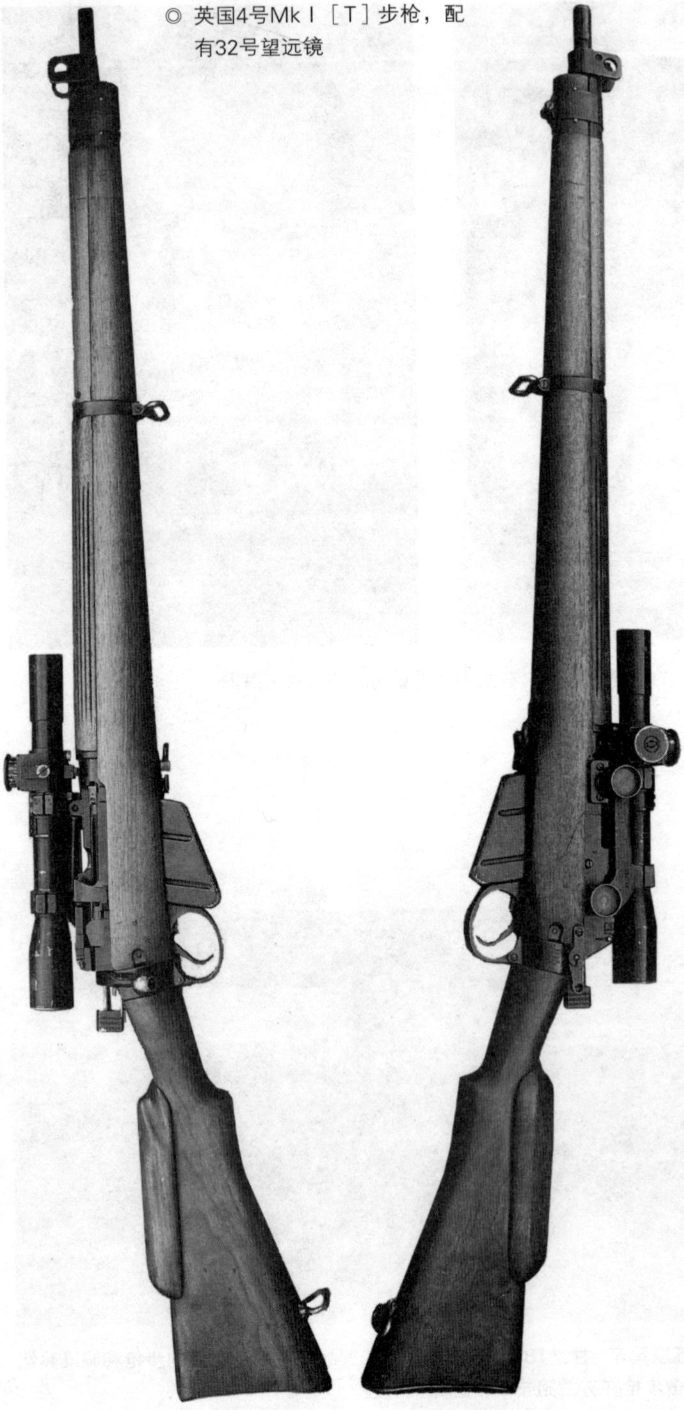

◎ 英国4号Mk I［T］步枪，配有32号望远镜

◎ 32号瞄准镜，有可以进行风偏修正量及角度调整的调节刻盘

◎ 配备Ajak瞄准镜的德国KAR98K步枪（局部）

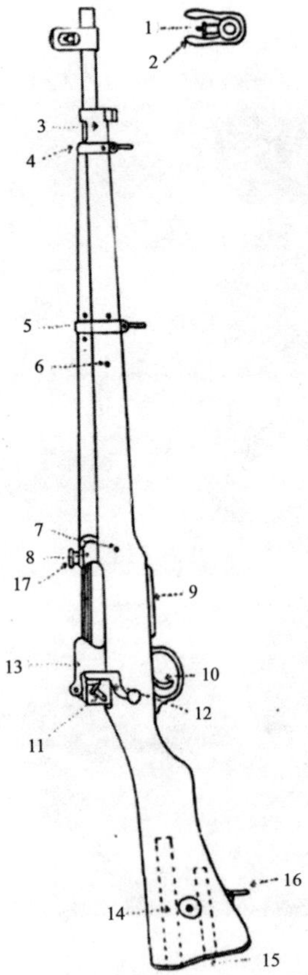

1. 前瞄准具
2. 保护器
3. 机头盖帽
4. 紧定螺钉
5. 带紧定螺钉的金属圈
6. 固定瞄准具螺丝
7. 稳固螺丝
8. 顶盖
9. 弹匣
10. 扳机
11. 保险栓
12. 枪栓
13. 后瞄准具
14. 凹槽
15. 枪托
16. 枪托紧定螺钉
17. 望远式瞄准具托架

◎ 二战中英军使用的P14狙击步枪。该枪作为二战中标准的英国陆军步枪，长度和重量均大于恩菲尔德MKⅢ步枪，且精准度也更高

◎ 一战时期英国狙击事业先锋——赫斯基思-普里查德

◎ 二战中狙击手教练兼理论家克利福德·C.肖尔上校

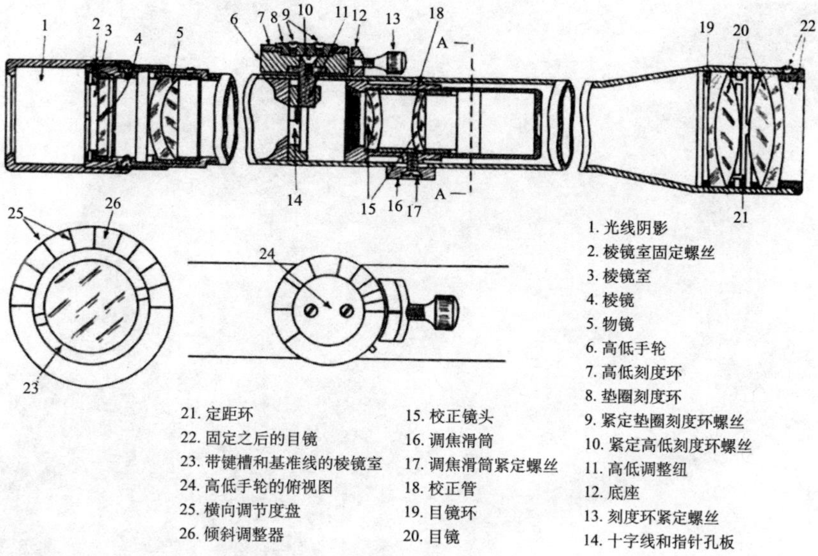

◎ 图为P14步枪使用P18“1940”式瞄准镜。为了给瞄准射击进行准备，这种步枪需先打两发子弹来暖枪管。要求的标准是在100码距离连发5颗子弹，弹着点分布在3英寸内，然后可以进行调整。图片摘自阿姆斯特朗中校的《1944年作战技术：狙击和情报手册》

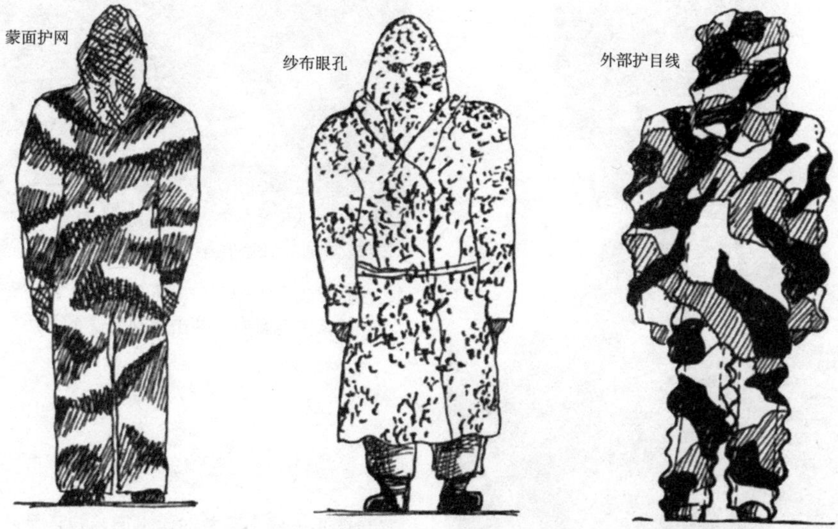

◎ 英国地方军士兵使用的三种迷彩服。资料来源于罗兰·彭罗斯于1941年出版的《英国志愿者伪装手册》

◎ 柳德米拉·帕夫利琴科，二战期间战绩最为卓越的女狙击手，确认杀敌数超过300

◎ 苏联狙击手伊丽莎白·米兰诺娃，曾出现在一部宣传电影中，共击毙34名德军士兵

◎ 当德军入侵乌克兰时，柳德米拉还是基辅国立大学的一名学生，然而不到一年，她就成为了“世界上最危险的女人”

◎ 佩戴勋章的柳德米拉·帕夫利琴科。在她所获的勋章中，包括苏联公民最高荣誉——苏联英雄勋章。在所有获得苏联英雄勋章的11635参战人员中，只有92位女性，且活下来的仅有42位

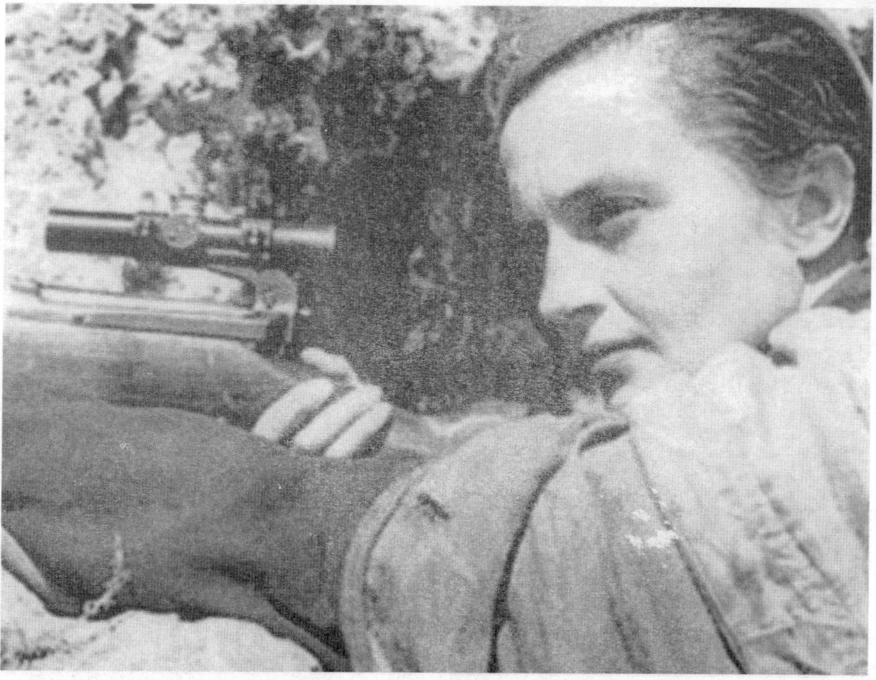

◎ 在敖德萨战役，正在战斗的柳德米拉·帕夫利琴科。多年之后，查理·卓别林碰到她时说：“如此纤细灵巧的双手竟击毙了成百的纳粹军，真是太了不起了。”

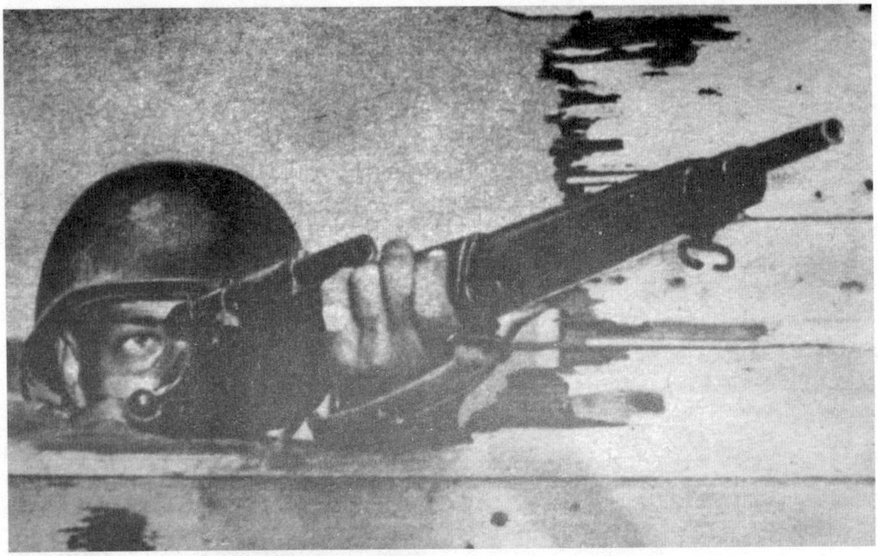

◎ 一张宣传图片中的美国陆军狙击手，手里拿着一把M1903-A4春田狙击步枪

◎ 伯特·肯普小时候和骑在马上的姐姐格蒂的合影

◎ 伯特·肯普休假回到家中，和父亲在农场上的合影

◎ 1943年在北非作战时，伯特・肯普的搭档兼朋友——韦斯利・霍利下士

◎ 时为1944年12月，伯特・肯普因病退伍

◎ 晚年时期的伯特・肯普

◎ 精通伪装的日本狙击手，头套蚊帐，肩披编织的棕榈叶，躲在棕榈树中

◎ 瓜达尔卡纳尔的亨德森机场，由美国“萨拉托加”号飞机于1942年8月拍摄。图中，飞机分散在跑道的左后方，伦格河位于上方位置

◎ 日本狙击手为了能爬上棕榈树，专门在鞋底安装了特别的钉子

◎ 继1942年10月22日的战斗之后，日军的第1独立坦克联队在瓜岛遭受重创，9辆坦克里有5辆被击毁

◎ 1942年8月20—21日，瓜岛鳄鱼小溪一战后，沙滩上到处都是日军的尸体

◎ 一名在塔拉瓦为拍照摆好姿势的美国海军狙击手，他所使用的就是配备莱曼或史蒂文斯瞄准具的M1903春田狙击步枪

◎ 1945年5月在日本冲绳县，手持斜厄特尔春田步枪的两名海军。搭配8倍瞄准具的翁厄特尔春田步枪以远距离射击而闻名

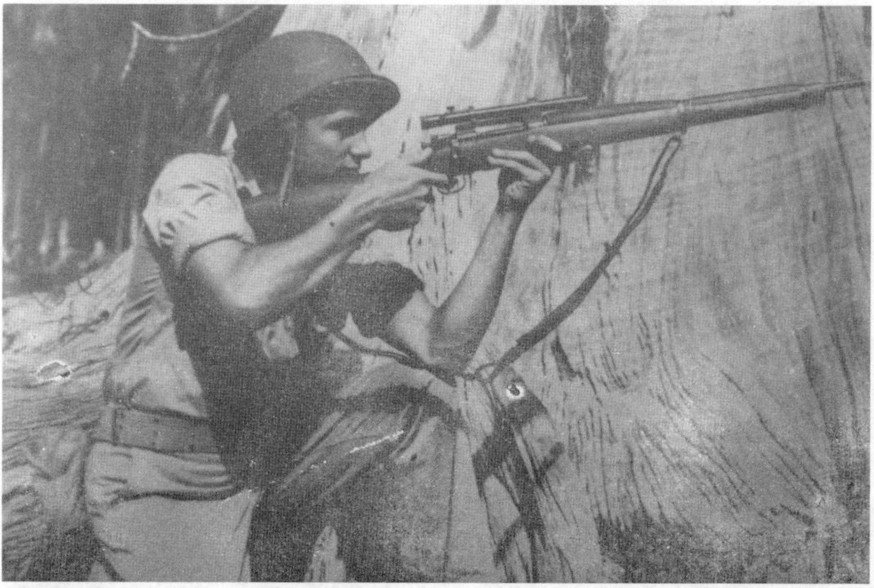

◎ 1944年于罗素岛，一名手持一把全新的1930-A4春田步枪的年轻海军。从图中可看出该步枪上没有机械瞄准具，显然，对于在太平洋战场的近距离战斗中，这是一个很大的缺陷

◎ 1943年，苏联第104步兵团的狙击手们。左边的士兵穿的是战前就有的冬季迷彩服，右边的则是1941年才开始使用的新款迷彩服

◎ 在苏联和芬兰的持久战中，奋战在卡累利阿前线的苏联狙击手们

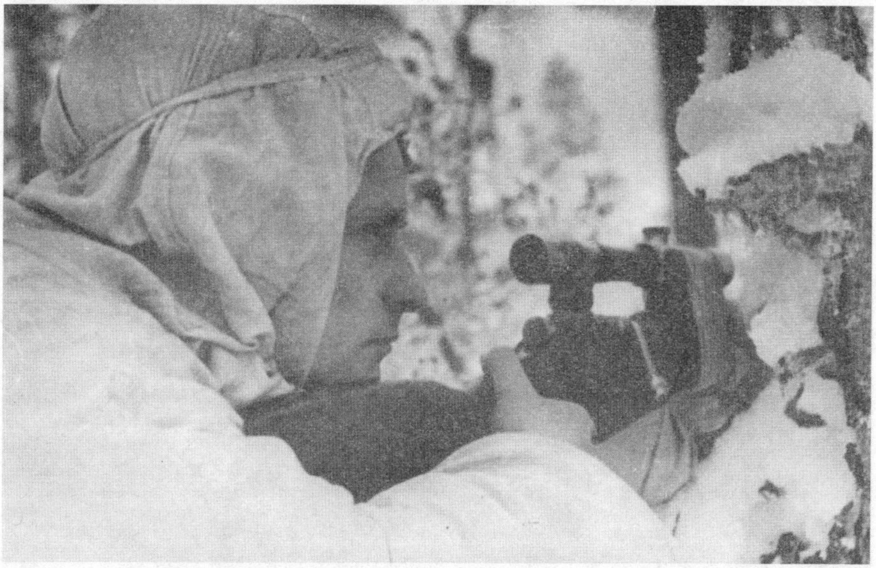

◎ 一名正在对抗芬兰军队行动中的苏联狙击手。他个人伪装得很好，但是没有伪装他的步枪——而这可能是个致命的失误

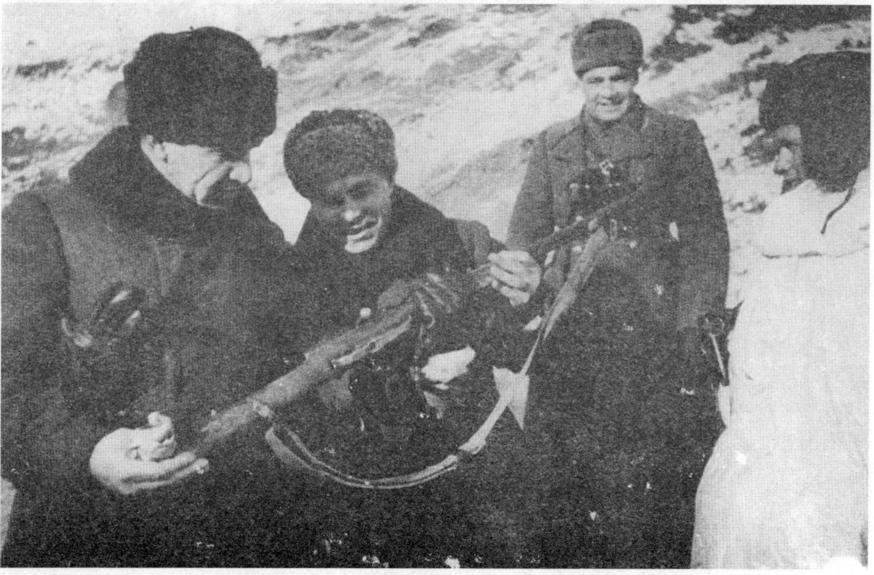

◎ 崔可夫将军和古罗夫将军正在察看瓦西里·扎伊采夫的狙击步枪。右边身穿白色迷彩服的士兵就是扎伊采夫

◎ 身穿夏装罩服的苏联第32陆军部队士兵

◎ 在苏联狙击手训练中，士兵正在描绘希特勒的肖像。正对着镜头的这名学生，手中拿的正是配备PE瞄准具的苏联莫辛-甘纳1891/30步枪

◎ 在执行狙击任务时，狙击手使用的伪装屏障

◎ 一个由女狙击手和观察员组成的小组所采用的伪装

◎ 图片展示了要充分利用天然伪装来装饰制服和步枪。这位苏联狙击手已经做好了开火的准备

◎ 一个伪装良好的狙击小组

◎ 两名苏联狙击手正沿着河岸潜行，以求寻找一个进攻德军部队的有利位置

◎ 一名苏联红军正在使用1893/30莫辛–甘纳步枪进行瞄准。该步枪配备的是PEM望远式瞄准具

◎ 一小队美国士兵正在通过使用头盔作为诱饵，试图找出德军的位置

◎ 在意大利战役中，一名陆军狙击手正在清理他的1930-A4春田步枪。由于欧洲战场大部分战争都发生在街道或村庄，所以该枪配备的低倍瞄准具倒也算不上一个严重的缺陷

◎ 图中所示的1.5倍的Zf.41 瞄准具虽并不能算是真正的狙击瞄准具，但在进行瞄准时还是有所帮助，这种瞄准具在德国军队中使用广泛

◎ 图中的士兵正在对配备Zf.41 瞄准具的德国G43步枪进行试验。在克服稳定性问题后，大约有55000把这种枪发放到了狙击手手中

◎ 图片展示的是一战时使用的格韦尔九八式狙击步枪。在东部战线的开始阶段，德国狙击手仍在使用这种步枪

◎ 图片为德国艺术家维利·赫尔曼为德国第73师的狙击手霍特耐克列兵所绘制的肖像。此刻，霍特耐克正在西部战线上静候盟军目标出现

◎ 1944年的夏天，两名英国狙击手正在法国境内巡逻。图片清晰地展示了波卡基地形。两名狙击手的步枪上都没有安装瞄准具，在这样的地形中瞄准具压根儿派不上用场

◎ 一名英国军士正在使用一根德国铝线清理他的李-恩菲尔德狙击步枪。但这个动作可能只是应拍照姿势所需，因为在步枪枪栓保持原地不动的情况下，这个动作是很难完成

◎ 左上图为身穿伪装服的哈里·弗内斯

◎ 右上图为帕特里克·德夫林，该照片及他的手记现存于帝国战争博物馆中

◎ 左下图为战争结束时的哈里·弗内斯

◎ 右下图为一名身着丹尼森罩衫的加拿大狙击手。他身上佩带的武器中，竟有印度廓尔喀人使用的反曲刀

前 言

呈现在读者眼前的是一本令人印象深刻的图书，它讲述了二战历史中十位战争狙击手不朽的故事。他们之中有：在战争中射杀敌人数最多的芬兰狙击手西蒙·海耶，德国的狙击手之王泽普·阿勒伯格，以及苏联的著名狙击手瓦西里·扎伊采夫和柳德米拉·帕夫利琴科。这些故事既被描写得相当有深度，同时又不乏精彩的细节和战时记载，总之远远超过了之前一些杂志和网站上刊登同类主题的文章。

此外，这本书还讲述了几位至今还不为人所知但同样成绩非凡的狙击手，比如英国的帕特里克·德夫林和美国的伯特·坎普。

为何这些狙击手不为人所知呢？回顾历史，尽管各国的一些二战老兵已创作了上千本图书，但一直到近十年，狙击手的回忆录才开始有用英语写作的版本出现。甚至还有像泽普·阿勒伯格这样的作者，在最初的时候隐藏了自己的真实身份。70 年前，狙击手经常被看作冷酷无情、于无形之中夺走人生命的杀手，这种观点至少从拿破仑时代就已产生。所以二战的狙击手老兵经常会隐藏自己的身份，极不情愿向本已充满种种误解的公众讲述自己的经历。至于日本的话，本来就鲜有狙击手能从酷热的丛林战中存活下来。就算存活下来，他们也极不情愿写下自己的相关经历。

和战后这些对狙击手的印象的描述形成对比的是，1940 年英国陆军组建狙击手小组时对候选人的要求："精心挑选出来的精英，身体结实并引以为豪；枪法了得，作战技能高超，自力更生，无所畏惧且拥有无与伦比的耐心。"

最近几年，公众开始对狙击手以及他们的作战技能尊重起来，认为他们正如英国陆军所描述的那样。狙击手们逐渐得到了认可：他们代表了作战技能的巅峰，是一群拥有卓越能力的精英。

正是基于这种看法，我们才能客观地审视过去的狙击手。本书的作者们也正是基于这种看法，讲述了不同狙击手的故事。

此外，本书作者们也同样出类拔萃。他们中的一些人是当今了不起的狙击权威，而且我和其中一些人私交甚好。比如军士长马可·斯潘塞，他是一位退休的英国狙击手教练，被公认为世界上顶级的狙击专家之一；勒罗伊·汤普森则是一位曾参加越战的老兵，在枪炮、射击及特种作战题材上著作颇丰；查尔斯·萨瑟是一位美国陆军特种部队的老兵，已经创作了十几本这类题材的图书；艾德里安·吉尔伯特也同样出版了几本关于狙击手的作品。

谁适合写作此类作品呢？这不仅要求作者能将故事讲述好，还需要真正体会和理解这些狙击手，就如同这些狙击手的同行和战友一样。他们不但要有技术上的见解，而且还要能够展示出狙击手的个性，从而改变其在公众心目中单的一形象。

因此，你将会感受到身处东部战线的狙击手扎伊采夫和阿勒伯格时常经受的酷寒，以及日本狙击手命丧于散发着恶臭、热气蒸腾的丛林的真实情景。与此同时，你也就能更好地理解促使柳德米拉·帕夫立琴科战斗的内在动机，以及西蒙·海耶如何将狩鹿和滑雪的技能运用到实际战争中，从而成为了二战中杀敌数最多的狙击手。

在阅读本书过程中，读者可以深刻体会其中关于身在危险之中勇气和技能的描写。对于狙击手们，不论国别，我们都应对他们致以更为崇高的敬意。

约翰 L. 普拉斯特

美国陆军特种部队少校

作者简介

艾德里安·吉尔伯特

艾德里安·吉尔伯特创作了大量关于20世纪军事历史的作品，如《1939—1945年间的盟军战俘》《沙漠风暴行动》，口述历史作品《法国外籍军团的声音》。他尤其钟情于狙击和神枪手题材，所著的两本畅销书分别为《狙击手：对决、跟踪和射杀》和《狙击手经历》。

汤姆·C. 迈克肯尼

汤姆·C. 迈克肯尼，陆军中校，毕业于肯塔基大学和北卡罗来纳大学。作为美国海军陆战队的一名步兵军官、伞兵以及特别行动指挥官，同英联邦师团一起，曾在朝鲜的板门店走廊和越南服役。1971年在越战中受伤致残退休。他创作的关于军事历史的书籍和文章曾多次获奖，如新书《战场上的狙击手》，讲述了美国内战时期的真实故事。

丹·米尔斯

丹·米尔斯16岁即加入当地的步兵团——女王兵团，即后来的威尔士王妃皇家兵团。在之后的24年中，他曾在北爱尔兰、波斯尼亚、科索沃、伊拉克和阿富汗多地服役。他因在2005年3月伊拉克战争中的的英勇行为而被授予了英国最古老的的奖励——在战报中得到表彰。他创作的第一本书《一号狙击手：被包围中的英国战斗小组》引起很大的轰动。

罗杰·莫尔豪斯

罗杰·莫尔豪斯是一名历史学家兼作家，主要研究方向为纳粹德军和第二次世界大战中的欧洲战场。他创作了《刺杀希特勒》《战争中的柏林》《魔鬼联盟》以及和诺曼·戴维斯合著的《微观世界》。罗杰·莫尔豪斯还引进了大量图书，如《埃里希·肯普卡回忆录》《海因茨·林格回忆录》《克里斯塔·施罗德回忆录》《海因里西·霍夫曼回忆录》等。

蒂姆·纽瓦克

蒂姆·纽瓦克创作了多本广受欢迎的军事历史方面的作品，如《战斗中的黑手党和高地人》。他曾任《图解军事》的编辑、BBC 环球服务有限公司及历史频道电视纪录片的编剧和历史顾问，例如著名的纪录片《希特勒卫队》就出自他的手。蒂姆·纽瓦克现任《金融时报》军事历史图书的评论员。

马丁·佩格勒

马丁·佩格勒曾在皇家军械博物馆担任了 20 年的馆长，过去在军队服役期间，会使用各式各样的狙击步枪。他创作了很多关于火器的作品，其中多为狙击方面的题材。他个人收藏了大量 19 世纪以来生产的狙击步枪，并且作为一名历史顾问，为电影和电视公司提供了很多狙击步枪。此外，他还经常以军事专家的身份出现在BBC的《古董巡回秀》节目中。

查尔斯·W. 萨瑟

查尔斯·W. 萨瑟是一位多产作家，创作了50多部作品，包括畅销书《一号海豹突击队和袭击者：一枪一命》，被誉为业内最受尊敬的作家之一。他曾在美国海军和美国陆军特种部队服役长达29年。此外，他还在迈阿密、佛罗里达、塔尔萨和俄克拉荷马多地当过14年的警员。

马可·斯潘塞

马可·斯潘塞曾在英国陆军服役25年，担任过特别小组组员、狙击手和狙击排指挥官。在服役期间，他撰写了《英国陆军战场手则》。另外，他的三本狙击手题材的著作享誉世界。退伍后，他还负责一些部队的军事训练，这些部队来自美国、斯堪的那维亚和中东；此外，他还在刑事审讯中担任鉴定证人。

勒罗伊·汤普森

勒罗伊·汤普森曾担任警察和军队的考官，时间长达30余年之久。他一共出版了48本书，并且还在杂志上发表了2000多篇有关特种作战、人质救援、战术行动和武器的文章。

约翰·唐金

约翰·唐金出生于俄亥俄州，于1955年加入美国海军陆战队第2陆战师第10团。冷战时期，他还曾在一个绝密的安全部门服过役。退伍之后，他从事人力资源和劳动关系管理的工作。此外，他还是海军陆战队联盟的终身会员以及海军陆战队协会的会员。

目录

第一章　西蒙·海耶：白色死神

罗杰·莫尔豪斯

仔细打量照片，恐怕会令人感到相当困惑。你会发现照片上的这张面孔像是一个刚刚成年的人：脸部光洁，带着些许孩子气，几乎就是一副天使的面容，两眼间距不大，双唇饱满。再看他的身高，对于他年轻纯真的印象也会增加几分，1.60 米（即 5 英尺 3 英寸）的身高比他拿的步枪高不了多少。而他居然是二战时杀敌最多的狙击手，也是所有大规模战争中经确认的杀敌数最多的狙击手——同伴们称其为“白色死神”，这自然令人难以置信。

尽管西蒙·海耶声名远播，但他一直保持着单纯的本色。他于 1905 年出生在芬兰大公国南部的一个名为劳贾福的小镇附近，当时芬兰大公国从属于沙俄帝国。海耶在家里八个孩子中排行老七。他的早期生活是在家庭农场度过的，日常工作就是打理甜菜地和林地，也养一些马匹及其他牲畜。正是这些工作，他学会了自力更生，这些基本技能在他后来的战斗中发挥了极大的作用。

沙俄帝国于 1917 年灭亡后，芬兰独立战争爆发，海耶和同时代的人一样，极富爱国热情。几年之后，他被征集到国民警卫队，当时他年仅 17 岁。海耶性格安静、矜持，可以说看上去毫不起眼。但是很快，他在当地及其他地区的各种射击比赛中获得无数奖项并被冠以“神枪手”的称号，足以证明海耶是一个射击天才。1925 年，海耶应征到芬兰陆军，服役期长达 15 个月，并且提升为下士。1927 年，他离开军队，回到了家庭农场。其后，他对于命运的安排全然不知。

在两次世界大战期间，芬兰和其他在沙俄帝国灭亡后独立出来的国家一样，局势动荡不安。苏联政府主要透过自己的意识形态的棱镜来看待外部世界，即转变敌人和扩充领土，然而这种革命性的思维中也充斥了大量过时的沙俄民族主义。比如芬兰等国家的领土，曾是沙俄帝国的一部分，一旦情况允许苏联边界重新排序时，这些领土将会处于同一战线。

芬兰和苏联的关系表面看来正常，甚至偶尔还很友好，但是芬兰国内总是弥漫着反共产主义的气氛。1932 年两国缔结了互不侵犯条约，1934 年又做了进一步修改。然而，到了 20 世纪 30 年代中期，苏联开始越发地耀武扬威，比如限制行经拉多加河和芬兰湾水路的芬兰商船。到了 30 年代末期，整个波罗的海东部地区都非常担心苏联的扩张。

1939 年 9 月，德国入侵波兰，更大范围的欧洲战争爆发，赤裸裸的侵略成了家常便饭。和其他波罗的海邻国一样，芬兰面临着一个新的政治现实。根据苏德条约的秘密协议（该协议于 1945 年后才被公之于众），芬兰和其他波罗的海国家被划为苏联的势力范围。1939 年 9 月下旬，拉脱维亚、立陶宛和爱沙尼亚三国的外长应邀到莫斯科进行“谈判”，谈判的结果是：在随后的一个月中，互助条约的签署使得这几个国家和莫斯科的联系日益密切，同时也开始了被纳入苏联的进程；而芬兰则成为下一个目标。

1939 年 10 月 5 日，也就是希特勒在波兰首都华沙巡视获胜军队的那一天，斯大林向芬兰政府发出了在莫斯科“谈判”的邀请。芬兰政府警惕地进行回应，派出谈判老将尤霍 · 巴锡基维，针对苏联的提议前往谈判。提议包括：向北扩展靠近列宁格勒地区的卡累利阿地峡的边界，租借位于芬兰湾河口的汉科港口30年。苏联此举的逻辑十分明显：鼓动德国发动二战，以及同年秋天和德国共同入侵波兰。苏联打算坐视资本主义列强像一战时一样拼个你死我活，从而加速共产主义的“必然”胜利。与此同时，莫斯科所要做的只是：加强其防御能力，集结部队，对边界做一些调整部署。

然而，芬兰人不会同意苏联的这些要求，因为他们认为苏联会得寸进尺。另外，苏联提出的那点所谓的补偿丝毫没有让芬兰人动心。不幸的是，北欧邻国及盟国德国并没有向芬兰伸出援手，相反，德国一直在敦促芬兰顺从苏联的要求。在长达三周之多的协商无果后，芬兰代表团于11月中旬回国。继恐吓和“协商”无效后，苏联开始找寻其他办法来强行实施它的计划。月底之前，一场交战在所难免。

至少从表面看来，1939年冬天入侵芬兰这场战争，对于苏联来说是小菜一碟。苏联红军派出的26个师和100万士兵足以横扫芬兰军队微不足道的10个师和30万士兵。不管怎么看，苏联都具有压倒性的优势：士兵数量是芬兰的3倍，飞机数量为30倍，坦克数量为1000倍。例如，在卡累利阿地峡主战场，苏军作战人数达12万人，坦克1400辆，大炮900门；而芬兰方面，作战人数仅21000人，大炮71门以及战防炮29门。另外，苏联深信芬兰的工人阶级将会挺身支持共产主义解放者，并充当敌人后方的第五纵队。

然而现实却截然不同。苏联军队在装备和数量上的优势，在芬兰自然条件极其恶劣的冬天并不能发挥多大作用。苏联红军所跋涉的大多是道路不通且被积雪覆盖的密林荒地，纵横交错的冰冻的湖泊、河流和沼泽地，对于一个现代化的机械化军队来说，这样的地形很难逾越。此外，在南方列宁格勒北部的卡累利阿地峡地区，芬兰的工程师们预测出苏联即将进攻的主要目标，随后在那里建造了一个连接地堡、战壕、障碍和土方工程的防御阵地，即著名的曼纳海姆防线。这样一来，苏联军队装备上的优势被大大削弱了。

另外，芬兰军队的质量远不是苏联所预想的那样，而且芬兰的工人非但没有欢迎苏联红军，相反，芬兰人民积极挺身保卫自己的祖国。他们的士气高涨，从那年冬天流传的一句俏皮话就可看出，“他们的人那么多，而我们的国家这么小，上哪儿找地方埋葬他们呢？”芬兰人还擅长利用大量训练有素的预备役人员，如西蒙·海耶这样的人，来支援他们的军队。尽管他们中的大多数人缺乏现代化装备，甚至连步枪也没有，但是国民警卫队的退伍士兵们经常去向他们传授作战技术、生存技能以及至关重要的常识。

相比而言，苏联军队则准备不足，并且仍遭受着几年前肃反运动的恶果，即失去了超过80%的高级官员和分区指挥官；另外，不完善的培训制度和领导能力的缺乏加剧了士气的低落，苏军的战斗力被大大削弱了。尽管装备精良，苏联红军却缺少冬衣和伪装器材，而这二者是在极冷环境中作战必不可少的装备。那年冬天，在芬兰边境行进的大多数苏军坦克、车辆及驾驶员的服装同样是醒目的深绿褐色，在芬兰白雪皑皑的冬天里，自然容易被发现。

另一方面，从作战策略上来说，苏联士兵极其缺乏作战技巧和创新。在大多数情况下，他们一味通过正面聚集来攻击敌人。再加上他们明显经常缺乏军事冲刺训练，只要芬兰显示出一点点的反抗，苏联军队就会采取过分谨慎的作战方式——发动持续数小时的进攻。显然，这种作战策略正中芬兰下怀。考虑到实际情况——只有仅有的几条道路能穿过密不透风的森林，苏联的进攻很快变成了巨大的交通堵塞，于是芬兰士兵能够以相对较少的人员牵制苏联的先锋部队。

正当苏联停滞不前的时候，芬兰人进行了反击。他们使用小股移动滑雪部队智胜侵略者，并且阻断了侵略者的物资供应。芬兰人还最大限度利用了北欧冬夜漫长的特点，组建了专门的军队，在夜色的掩护下，使用简易炸药，如炸药包或著名的莫洛托夫燃烧弹，来骚扰和伏击敌人。其中还有一些更奇妙的点子。例如，芬兰士兵经常攻击敌军的行军炉灶，使得苏军时常挨饿。时间久了，芬兰的这种作法就成了一种公认的作战策略。在受到不断反击和冬天恶劣天气（温度可低至零下25℃）的双重打击之下，苏联军队受到孤立和牵制。这种策略成为了著名的“莫蒂”包围圈策略，该词来自芬兰语，原意是测量用作柴火的伐木。该词隐含的意思是指苏军已被包围，只等着被烧了。

通过这些方法，芬兰取得了一些重大胜利：1940年平安夜，苏军第139师和第75师被歼灭；1月上旬，第163师和第44师也被歼灭。值得一提的是，苏军第163师在苏奥穆斯萨尔米附近地区遇到了顽强抵抗，第44师被要求前去增援。很快，第44师遭遇了相同的境况：沿着一条狭窄的道路走出了30多公里后，他们被困在湖泊和密林之中，前行的进程被一个坚固的路障所中断。由于不断受到快速移动的滑雪部队的骚扰，该师逐渐分为一个个越来越小的分队。与此同时，被包围的士兵们已经是饥寒交迫，一个接一个地死去。而芬兰却得到了至关重要的补充装备：43辆坦克，50门野战炮，270辆机动车和6000多把步枪。来自两个师共约40000名苏军被确认死亡。

芬兰军队的另一项专门的作战技术就是狙击手的运用。由于苏联的前进停滞，导致战争冲突绝大部分时间处于静止状态，于是狙击手在前线和缩小各种莫蒂包围圈时，发挥了巨大作用。狙击手在缩小莫蒂包围圈的同时，还会产生一个重要的心理作用：狙击手能够最大程度地让被包围部队士兵精神上承受着痛苦，例如，狙杀敌军指挥官或是当士兵们挤在一个营火取暖时，击中营火。作为一个狙击手，西蒙·海耶在战斗中赢得了自己的名声。

一回到芬兰军队，西蒙·海耶就被分配到了地处拉多加湖东北部的茂密森林的第34轻步兵团，该团距离列宁格勒以北约280公里。这是一个极其重要的区域，可保护卡累利阿地峡免受来自拉多加湖北岸的攻击，该攻击能摧毁芬兰的曼纳海姆防线，而曼纳海姆防线在芬兰防守中起着举足轻重的作用。正是因为有这条沿着柯拉河由北到南方向延伸的防线，尽管芬兰人在数量上寡不敌众，且苏军就在防线的东边，芬兰人还是成功稳住了前线。仅次于卡累利阿地峡，柯拉河前线成为了象征芬兰顽强抵抗的第二标志。

起初，海耶只是作为一个普通的步兵在柯拉河前线战斗。但是很快，他的杰出枪法就被上级注意到了。作为一个经验丰富的猎人和神枪手，他很快就被选中去执行更多特殊的任务。他早期的一个行动是去除掉一名苏联狙击手，该狙击手已射杀了三位芬兰指挥官和一位军士。在这次挑战中，海耶表现出了不凡的耐心和细致的准备，并且这些品质最终成为了他的标志。寻找到有利的开火位置后，海耶穿着暖和的迷彩服，一动不动地坐着，注视着步枪的瞄准具。几个小时之后，夜幕渐渐降临，他的机会终于来了。一束从望远式瞄准具的反射光在一瞬间暴露了目标的位置，海耶看着这个苏联人从藏身处站起，丝毫不加小心，他无疑认为即将到来的夜幕不存在任何危险。然而，从海耶步枪里射中他头部的子弹证明他错了。

随着时间的推移，海耶的狙击技术越发精进。在许多方面，狙击和其他专业技能非常类似。海耶从户外活动爱好者、猎人和设陷阱捕猎者的经历中吸收了大量的技能和经验。例如，在海耶和另一位伟大的苏联狙击手——瓦西里·扎伊采夫两人的背景中，有一个明显的相似之处：两人都是在乡村长大，都亲近自然，并且都是天生的追踪者和猎人。拥有这种背景，海耶身上善于观察和隐藏的品质成了他的第二天性。例如，在找寻一个好的开火位置时，海耶会格外讲究，这个位置既要能够俯瞰敌军的前哨站或者干道，也要保证自己不被发现，当然也不能由于周围物体或者光线的改变而暴露位置。矮小的身材为他在寻找森林提供的天然藏身处方面几乎没有困难。

雪地装和伪装一样重要。海耶喜欢自己的藏身处看起来尽可能的“自然”，他用白纱把步枪裹起来，并且只利用周围的雪作掩护。有一点他会格外谨慎——他会把藏身处正前方的雪拍实，以防开火后激起疏松的雪暴露他的位置。

耐心是另一种重要的品质。海耶白天在位置上不会活动，只有在夜色的掩护下才会开始移动。另外，他只靠糖块维生，避免一切不必要的移动，经常连续数小时坐着一动也不动。他密切观察敌人，了解他们的行为、作息和习惯，等待一个合适的目标出现。直到第一枪发射，敌人才知道他的存在。

除了这些常规技能，海耶还具有其他特质。首先，他很少使用瞭望哨——一个叫马尔米的下士，通常他更愿意独自行动。从海耶现存不多的资料来看，很难判断出他这么做的原因，或许只是因为这项工作由一个人完成更为安全。

海耶的武器同样令人惊叹。他所使用的是芬兰古老的改良版莫辛 - 纳甘栓式步枪，型号为 M/28-30，于 19 世纪 90 年代面世。更令人惊叹的是，这是一把没有瞄准镜的步枪。虽然在 20 世纪 40 年代，此项技术已有很大进步，但芬兰军队仍缺乏高规格的装备。就这样，海耶无法享用高科技的武器，只能继续使用最原始的铁准星。海耶把这个不得已之举假装说成是有利的事，声称铁准星使得他不易于被敌人发现，而那些使用望远式瞄准具的狙击手，需要抬高头部，反倒容易受伤。

为了弥补技术上的明显劣势，海耶精心维护他的步枪。除去在战场上的时间，在他醒着状态下的所有剩余时间，都用于了拆卸、清洁和上油的工作，从而确保他的武器保持完美的状态。

通过运用这些战术，海耶取得了巨大的成功，平均每天的射杀数达十几人。有时碰上好的时机，射杀的数量还不止这些。在 1939 年 12 月的三天内，海耶共射杀了 51 名苏军官兵；在同月稍后的一天，海耶创下了单天杀敌最高纪录——经确认为 25 名苏军。海耶作为一名猎人和户外活动爱好者所掌握的技能，在战斗中发挥了极大的作用。例如，1940 年 2 月上旬的一天，他发现了一个新建的接近前线的地堡，且离他的一个观察哨不远。海耶和他的助手在灌木丛里秘密潜行，在距离地堡 150 米处建立了一个开火点。“我们一整天都在那儿，”海耶后来回忆说，“共射杀了 19 名苏联人，他们丝毫没有察觉我们在哪里。”

然而，有时候，苏联人十分清楚海耶的位置并且想尽一切办法进行反击。由于海耶杀敌众多，很快就成了名人，苏军悬以重金来取他的性命。后来海耶发现，在前线作战时，自己经常陷入狙击手对决的情形。苏联为反击海耶的狙击行动并试图永久地除掉他，经常采用大炮或迫击炮对其进行轰炸。一次，海耶试图摧毁敌军一个配备了潜望镜的前进观察哨时，陷入了重型炮火炮轰的危险之中。尽管弹片和碎屑漫天飞舞，海耶却活了下来并且安全地撤退。当天晚些时候，海耶又折了回去，并且从另一个角度成功找到了一个新的开火点。这一次，他摧毁了潜望镜，他成功了！

渐渐地，海耶声名鹊起。他收到的礼物开始和获得的喝彩一样多了起来，其中大多数都是芬兰的普通百姓听说了他的事迹后自发赠送的。官方和非官方奖项也接踵而至，后来海耶获得了自由奖章和自由秩序荣誉奖章。其中最为著名的应该当属 1940 年 2 月中旬，奖励给海耶的那把纪念版 M/28 步枪。这把步枪由芬兰沙科公司制造、一位瑞典人士赠送。但在此之后，海耶仍旧使用他原来的步枪。正是使用原来的那把步枪，海耶总共射杀了 542 名苏军。

海耶对于这项特殊使命的态度令人困惑，如果非要用个词来形容的话，可以说是“冷淡”。显然他对于苏联入侵者并无特别的恨意，对射杀人数的不断增加也毫无快感。在他的晚年生活中，他甚至不愿谈及该话题。他的态度更像是得到了一份工作，他只是尽全力完成而已。对于自己在这场冬季战争中所扮演的致命的角色，他从未感到困扰，在战争期间及之后的日子里也从未因此失眠。

尽管海耶已竭尽全力，但是面对更大范围战争的爆发，形势对于芬兰逐渐不利起来。随着苏联增援力度的不断加强，战局势必会有突破性的转变。在柯拉河前线，芬兰仅仅以四个营的兵力抗击苏联整整两个师的攻击，明显已经寡不敌众。到了 1940 年 1 月，苏联方面继续增加炮兵连，大炮数达到约 200 门，数量是芬兰的整整 10 倍，双方兵力差距进一步拉大。尽管苏军在人数和装备上的优势明显，但战术仍旧毫无新意，主要就是正面攻击芬兰的阵地。最著名的例子当属“杀手山之战”。在这场战役中，芬兰仅以一个排——30 名士兵的兵力，足足牵制了苏联一个团——4000 名士兵。

虽然芬兰人民意志坚定，充满智慧，但也经受不住敌人长期压倒性优势的打击。2 月下旬，一方面，芬兰逐渐陷入弹尽粮绝的境地；另一方面，曾经无法穿越的森林现在已是一片狼藉，弹壳满地，树木残败，从中行军已不成问题，苏军数量上的优势开始显现出来了。在这种情形下，尽管柯拉河和卡累利阿防线还未攻破，但是芬兰士兵所擅长的静态战争不复存在，这一切预示着芬兰防线将发生大范围的崩溃。

值得一提的是，西蒙·海耶最终以一名普通步兵的身份，而不是一名狙击手的身份，结束了自己的战斗生涯。1940 年 3 月初，海耶带领一个班的士兵，受命去阻挡苏军第128师在柯拉河前线继续行进。和往常一样，芬兰采取防御战术。海耶回忆道：

> 我们在拂晓时分——大约早晨五六点时，到达了我们的位置。那里有一个约为300米宽的沼泽地，有机枪作掩护，我们轻松地过去了。刚穿过沼泽地后，气氛一下子就紧张了起来，因为敌人离我们真的很近，有时近到只有2米的距离。当时我的狙击状态良好。面对我们的狙击行动，敌人被迫开始撤退，但也有一些勇敢的敌军士兵仍然进行反击，给我们造成了严重的损失。突然，一颗大概从50至100米处射来的子弹击中了我。当时只感到嘴里“砰”的一声爆炸，随后我就失去了知觉。

海耶被一颗爆炸性弹头击中嘴部，并且贯穿了他的左脸。左下巴的上半部位几乎全部被子弹带走，下半部位也被击碎了。海耶后来回忆说，当他开始恢复意识时，他感觉到嘴里全是骨头碎片、断牙和血。他记得自己手下发了疯似地呼叫医生，慌忙把他放到一个简易的雪橇上，送往了后方部队。很快，他又晕了过去。海耶持续昏迷了一个星期，除了3月13日那天醒过一次。也就是在那一天，芬兰和苏联签署了停战协议。

海耶的康复过程相当艰难。在从前线撤退后不久，由于一位医生错误地诊断他的伤势是致命的，海耶一度被丢进一堆尸体当中。在海耶的伤势稳定下来后，他被转移到了芬兰中部的一所军事医院。在那里，他开始了全方位的治疗。为了修复面部，海耶总共经受了多达26次的手术。他的下巴和上颚必须重造，而重造所需的骨头取自他的臀部，以至于好几个月，海耶既不能说话，也不能吃除液体食物外的任何东西。尽管负责治疗的外科医生已尽了最大的努力，但因为伤口的严重程度，他脸部留下了严重的疤痕且左脸毁容。海耶于1941年5月出院，此时距离他受伤已有14个月之久。海耶回到了乡村，在南卡累利阿区的鲁奥科拉赫蒂湖区的农场上，他养养狗，做些林间活儿。

然而，芬兰的麻烦远没有结束。根据1940年签署的《莫斯科条约》，芬兰被迫割让11%的领土以及30%的经济资产给苏联。芬兰人认为，苏联人的胃口根本不会得到满足，很多人吵着要重新发动战争，以收复失去的土地。当纳粹德国于1941年6月22日入侵苏联时，芬兰人紧随其后，行军至1939年划定的边界线，这场战争被称为“继续战争”。海耶也想报名参加这场新战争，但由于伤势过于严重而被拒绝。

在随后的岁月里，海耶一直过着平凡的生活。在割地给苏联后，海耶失去了他的家庭农场。后来海耶在尤图拉地区得到了一块面积为50公顷的农场，该农场位于距离列宁格勒北部的苏联边境50公里处。之后他继续在那片农场上劳作。海耶一直保持着积极的心态，他热爱打猎、滑雪和钓鱼。除此之外，海耶就在农场和林间忙活。

海耶无意成为众人瞩目的焦点，也不爱与人来往，他天性保守、谦卑而羞怯，又因为受伤导致说话困难。他终身未婚，喜爱与狗为伴，亲近森林，这二者常常让他感觉到一种特别的亲切感。尽管如此，海耶还是受到芬兰军队和芬兰狙击手协会于1978年的邀请，他们将以海耶的名义举办一场狙击比赛，而且比赛每年举办一次，向所有平民和军人开放。在以后的几年里，他还在来自美国和其他地区的狙击爱好者的聚会上出现过。后来，他和芬兰军官塔皮奥·萨雷拉恩合作，讲述了自己的故事。西蒙·海耶于2002年4月去世，享年96岁。

考虑到海耶谦卑的性格，也许不难想象，他在冬季战争中的成就相当卓越。有人可能会认为海耶是一名狙击技巧的有力的倡导者，但又不仅仅如此。除了海耶惊人的杀敌数，还有其他很多原因，成就了海耶的无与伦比的战绩。首先，和二战中其他狙击手相比，海耶只用一把带有铁准星的步枪就射杀了500多人；其次，他作战环境的艰苦常人难以想象，斯堪的纳维亚的冬天能最大限度地考验人和武器。

最了不起的一点在于，冬季战争从1939年11月下旬爆发，到1940年3月中旬结束，持续不到四个月，而海耶因受伤致残提前退出战斗，实际他在前线作战不足100天。也就是说，在他作战期间，他平均每天的杀敌数超过5人。这个谦逊、矮小、长着一张孩子气脸的男人，被称为“第二次世界大战中狙击手之王”，可以说是当之无愧。

第二章　柳德米拉·帕夫利琴科：“世界上最危险的女人”

查尔斯·W. 萨瑟

1941年6月22日约凌晨2点时分，最后一辆火车向西驶过了布格河，到达了苏德边境的德国领地。一小时后，夏天的暮色笼罩了乌克兰中部地区。这时，希特勒撕毁了《苏德互不侵犯条约》，启动了巴巴罗萨计划。德军在北起北极圈、南至黑海的3200公里的战线上发动了炮轰。300万名轴心国士兵（即182个师），6000门重炮武器，2000架空军战机，成千上万的坦克涌入了乌克兰。就这样，德国最后一场闪电战拉开了帷幕。

“越快攻克苏联越好。”希特勒面带兴奋之色。

基辅作为乌克兰的首都，同时也是乌克兰最大的城市，它的命运和莫斯科、列宁格勒一样，都是希特勒的第一批目标。入侵仅数周之后，纳粹德国空军Me-109战斗机和斯图卡Ju-87俯冲轰炸机开始轰炸这座城市。那时，柳德米拉·米哈伊尔洛夫娜·帕夫利琴科刚24岁，是基辅国立大学的一名学生。一天上学的路上，她看到一大群战斗机飞得很低，在空中嗡嗡地嘶吼着，似乎要吞没整个街区，她躲过了危险。就在那一天晚上，她下定了决心，并且告诉她的父母（她的父亲是参加过俄国革命的一位老兵）：“我要去参战，明天我就去征兵处报名。”随后的一年里，这位体型娇小、长着黑色眼睛的美丽姑娘，成为了20世纪最危险的女人以及世界上杀敌数最多的女狙击手。

第二天早晨，帕夫利琴科脚穿高跟鞋，身着双褶连衣裙来到了征兵处。她的指甲修剪齐整，打理过的卷发短而黑，面容姣好，身材苗条，健康而美丽，一双深褐色的眼睛似乎能融化一个男人的灵魂。当时征兵处志愿者们排起了长长的队伍。

招兵军官是一个年纪稍大、由于健康问题从前线退下来的士兵。当帕夫利琴科站在他面前并说出自己的志愿——“我想成为一名狙击手”时，他惊讶地抬起了头，眼前这位美丽的姑娘更像是一个时装模特，而不像一名杀手。

“为什么你不像其他女人一样去工厂工作呢？”他带着命令的口吻说道，“你适合在工厂工作，男人才应该上阵杀敌的。”

尽管受平等主义精神的影响，相比西方国家，苏联对女性的性别歧视已经好很多，但是在招募女兵方面，苏联军队仍抱有很深的成见。他们认为女性生来就是做一些养育工作的，而不是上战场。当时，女性主要服务于行政和医疗等辅助性行业。然而，由于东部战场的情况特殊，苏联的存亡岌岌可危，反对女性上前线的呼声便大大减弱了。截止到二战结束时，共有80多万名苏联女性担任过飞行员、机枪手、坦克手、游击队员和狙击手；近20万人获过荣誉，其中29人还获得了苏联最高奖项——“苏联英雄”的荣誉。

受苏联工业的快速发展以及20世纪20年代末至30年代的世界经济大萧条的影响，大批的苏联人从农场来到了城市。在平等主义精神的影响下，年轻的女性被鼓励去工作、上大学以及参与准军事训练。于是，女性也学会了射击、飞行、开卡车以及在战斗中生存。柳德米拉·帕夫利琴科就是其中之一。

柳德米拉·帕夫利琴科于1916年6月12日，正值第一次世界大战的黑暗岁月，出生在乌克兰的贝里亚·特沙科夫。在她14岁的时候，全家搬到了附近的基辅。在那里，她完成了高中学业，并在基辅阿森纳工厂找到了一份磨工的工作。帕夫利琴科是一位聪慧且性格坚韧的学生，活脱脱就是一个假小子，比起玩布娃娃，她更愿意用弹弓去打打小猎物，同时她还酷爱阅读旅游和探险小说。

和同时代很多的男孩儿女孩儿一样，帕夫利琴科喜欢和军事相关的运动项目。她钟爱跳伞和驾驶小型飞机这类的探险，而且她的步枪射击技术非凡。在一次当地射击比赛中，她赢得了梦寐以求的伏罗希洛夫神枪手徽章。当不断蔓延的战争开始威胁到苏联的存亡时，帕夫利琴科进入了由当地苏联共产主义青年团组织的志愿者狙击手学校。毕业后，她把毕业证放进了一个盒子里，一直到1941年6月——纳粹德国军队越过布格河进攻乌克兰时才想起来。

那一年，帕夫利琴科是一名主修历史学的大四学生。在征兵处，她拿出了有关狙击的奖章，包括伏罗希洛夫神枪手徽章，以及其他一些射击和准军事荣誉证书，当着嘲笑她的征兵官员的面，重重地扔在了桌上。征兵官员的脸色立即改变了。他翻看着这些证件，慢慢地抬起眼，带着一丝不情愿的敬意，看着面前这位年轻无礼的时髦女士。

"你会把你的手指弄脏的。"征兵官员在她的申请表盖上了章。

就这样，帕夫利琴科踏上了她的征程——成为了红军2000名女狙击手之一，同时也是后来仅有的500名战争幸存者之一。

从1939—1940年的冬季战争，芬兰狙击手西蒙·海耶射杀了500多苏军士兵的惨痛教训中，苏联政府意识到了狙击手的重要性，也开始重视起狙击手训练项目。几乎所有苏军的主要部队中，都有特种狙击手部队。年轻的柳德米拉被分配到了独立海军的第25步兵师。

由于时间相当紧迫，柳德米拉只接受了关于基本军事和狙击技巧的短期训练，如观测技术、伪装、隐蔽和目标选择。尽管苏军有世界上最庞大的军队——500万人，但却装备不良，效率低下；另一方面，德军仅在战争爆发的第一周内就向前推进了450公里，苏军陷入了一片混乱之中。到7月8日那天，德军已差不多进抵基辅，就在距离基辅不到150公里的森林里作战。

正当帕夫利琴科和她的战友们正要赶赴前线时，一些既恐怖又充满无畏精神的故事传到了基辅，比如：一辆苏联坦克被德军的反坦克炮弹击中，全体人员被烧死；一个飞行员把损毁的战机开进了德军运载燃料卡车车队中；后卫部队既不投降也不撤退，一直到战死沙场；美丽的少女倒在了战场上，手里还拿着自动武器；惊慌失措想要逃跑的苏联士兵被上级开枪打死；那些不幸被俘的士兵则被看作叛国者，他们的家庭拿不到口粮，也就意味着全家都会饿死。

上前线之前，帕夫利琴科拿到了配备的标准步兵武器，是1支7.62毫米口径、有5发子弹的莫辛-纳甘91/30狙击步枪。这种步枪能以854米/秒的速度射出重量为9.59克的子弹，有效射程超过550米。该步枪是由1891年以来，先后在俄国军队及苏联军队使用的步枪改进而来。这种步枪于1932年被定为标准狙击步枪，在配备望远式瞄准具的情况下，射程可达1250米。

帕夫利琴科的这把步枪配备的是四倍率PE型瞄准具，仿卡尔蔡司瞄准具生产，具有4°的视野，长度约为一只脚长，这也给步枪额外增加了约500克的重量。指旋螺丝的应用，可以使步枪进行风偏修正、前置瞄准、视差修正以及调整仰角等。

手持步枪及配备120发子弹的帕夫利琴科，不再穿着时髦，而是换上了宽松的草绿色男性制服。身着迷彩工装裤、狙击手兜帽和网格面罩，这位年轻的历史系学生——未来杀敌数惊人的狙击手，此刻正和她的战友们一起站在铁路站场旁边，等待着被运往前线。那时，帕夫利琴科所在部队已同罗马尼亚军队、德国军队在摩尔多瓦展开了殊死较量，因为敌军试图阻断黑海城市敖德萨的南部入口，而敖德萨不仅是苏联最重要的贸易港口，还是苏联重要的海军基地。

火车进站后，士兵们纷纷把包裹和武器塞进货车车厢、敞车等一切铁路可以运走的交通工具里，铁路站场陷入了一片混乱。火车运输昼夜不停，钢轮发出的尖锐声响表明了战局的紧张程度，这种情况自拿破仑远征俄国后还从未发生过。

帕夫利琴科的神经紧绷，这一点不难理解。在车厢内，她被挤在一个头发斑白、口腔卫生糟糕的军士和一个约摸 17 岁、一直哭哭啼啼的年轻人之间。在那两天中，火车隆隆地穿过比萨拉比亚，昼夜不停地向第 25 师驻扎的摩尔多瓦和德涅斯特河驶去。只有在火车加油、让士兵稍作休息以及煮几盆土豆和卷心菜时才会做短暂停留。

摩尔多瓦从前是罗马尼亚的领土，以城堡和葡萄酒而远近驰名。斯大林在和希特勒签订的互不侵犯条约中，将摩尔多瓦纳入了苏联境内。德涅斯特河是摩尔多瓦和乌克兰的分界线，在敖德萨以西 150 公里处汇入黑海。

火车快要到达目的地了，夏日的云层模糊了人们的视野。苏军想尽一切办法行军，他们乘坐火车、卡车、旅游汽车、马车、推车、自行车，甚至步行。第二天下午稍晚的时候，帕夫利琴科和战友们就听到了远处传来的火炮互射的爆炸声。

“我知道我的任务是枪杀敌军士兵，”帕夫利琴科后来回忆说，“理论上来说并不成问题，但是真实情况却截然不同。”和其他人一样，她很快就会发现，对准目标射击和透过望远式瞄准具射击是大不相同的。她怀疑自己是否真的有那份勇气。但几天后，在她来到德涅斯特河和敖德萨之间的树木繁茂的丘陵地带后，答案很快就会出来。帕夫利琴科所在的第25师第54团第2连，开始从普鲁特河附近撤退，并重新考虑进入敖德萨的办法。

罗马尼亚总参谋长在巴巴罗萨计划启动后制定了31号指令。指令罗马尼亚第4军将与德国第11军联合击败在德涅斯特河和季利古尔河之间的苏军，从而占领敖德萨。敖德萨曾由苏军第25、95、421步兵师重兵把守，另外又有第2骑兵师和内务人民委员部队从旁协助。幸运的是，由于有苏联黑海舰队的存在，敌军并不能四面包围这座城市。

苏军的防线由三道独立的防线构成。第一道是在城外约50公里处，由战壕、碉堡和反坦克壕沟所组成的防线。一旦这条线被攻破，苏军可撤退至距敖德萨8公里处的另一道防线。最后一道防线则是在这座由凯瑟琳大帝于1794年建立的古城中，进行挨家挨户的巷战。

斯大林颁布了严格的命令，懦夫将会被内务人民委员部队枪毙。在帕夫利琴科的连队中，关于死亡的话题想都不能想，更别说谈论它了。

德军于1941年8月8日进攻敖德萨，此前大炮的猛轰已将小山和树木炸了个稀巴烂。第2连队正好处在第一道防线的中心地带。帕夫利琴科和其他士兵趴在地上，注视着这片狭窄的田野。透过清晨泛白的天色，从步枪瞄准具中可以看到一群敌兵在山上走来走去。这些目标太容易打中了！然而令帕夫利琴科沮丧的是，她扣动不了扳机。她的手指好像冻僵了，也许是因为她缺乏成为一名狙击手的勇气。

躺在帕夫利琴科旁边的士兵就是她在火车上结识的那位年轻人——一位阳光帅气的小伙子。突然间，对面森林里的敌军为进行探查而扫射的枪声传来。帕夫利琴科听到了一声好似锤子敲在瓜上的声响，接着便是一声惨叫声。这一切让帕夫利琴科感到胆战心惊，她看到那个年轻人的头已被击穿，脑浆迸裂，血肉模糊。“在那之后，”她后来回忆道，“便没有什么能阻止我了。”

在一场为期四天、保卫巴亚耶夫卡附近一个山头的战役中，帕夫利琴科收获了她的第一个战果。帕夫利琴科和她的观察手爬过防线之外茂密的矮丛林，搭建了一个藏身处，从那里可以俯瞰到敌人极有可能行进的道路。苏军率先采用了这种由一名狙击手和一名观察手搭档的两人作战模式。

透过 M40 的战壕潜望镜，帕夫利琴科的观察手挑选了一个约 300 米外树木繁茂的地区。帕夫利琴科则换到了一个更佳的狙位，并且她把树叶编织起来，盖在自己身上用以掩饰。

用她那把配备四倍 PE 型瞄准具的狙击枪，帕夫利琴科瞄准了三个悄悄前进中的德国人，而那几个人并没有觉察到已经有人盯上了自己。300 米之外的帕夫利琴科已经考虑好了瞄准点和弹着点，锁定了她的目标。考虑到诸如风速（光线）、子弹重量、呼吸控制和扣动扳机这些变量，帕夫利琴科将对准敌军头目的十字线稍稍移动了些。狙击手通常是靠击中对方胸部，从而导致组织损伤、器官创伤和失血过多来使人毙命。

此刻，她的枪管在眼前晃动着。她深吸一口气，等待恰当的时机。这一次她不会再犹豫。当敌军停下来张望时，帕夫利琴科扣动了扳机。子弹击中了德国人，敌军顷刻间跪在了地上。在他的脸还没碰到地面前，帕夫利琴科又成功地射杀了另一名德军。第三名德军惊慌失措，落荒而逃。"她那美丽的脸蛋丝毫不动声色，"帕夫利琴科的观察手说道，并且她预言："柳德米拉·帕夫利琴科很快就会成为苏联的风云人物。"

随着轴心国士兵逐渐突破苏军的防线，帕夫利琴科对于德国人入侵祖国的愤怒，也进一步化为了深深的仇恨。战争开始后仅两个星期，德军就进攻到了苏军的主要防线。德军加强了攻势，以 10 个炮兵连的火力炮轰敖德萨。

这位来自基辅国立大学的美丽狙击手变得越发坚强了，很快就适应了残酷而危险的战争环境。帕夫利琴科和其他狙击手在执行侦察和阻滞敌军行军速度任务时，有很大的行动自由，只要一有合适的时机，就暗中开火骚扰敌军、打压敌军士气。大炮的轰鸣声、俯冲轰炸机的呼啸声以及机关枪的突突声响彻大地，一连数天没有停歇。天空硝烟弥漫，一片狼藉。

狙击手必须具备耐心、毅力、钢铁般的意志和能稳稳扣动扳机的手指。事情证明，帕夫利琴科不只是相貌出众，作战时内心也冷酷无情，成为了相当出色的杀手！日复一日，她和她的观察手出入无人的地带，去执行那血淋淋的使命。帕夫利琴科在仇恨和使命感的双重磨砺下，变得更强大了。她能在狙位上保持长达 18 个小时不移动，只靠干巴巴的面包和水充饥，就地解决大小便。所有的这一切都只为射出一颗子弹，击中一个目标。自然，帕夫利琴科射杀的数量在逐天增加。

帕夫利琴科猎杀的首选目标是敌方军官，其次是通信专家、军士、牵着警犬追踪狙击手的士兵；当然，还有敌军的狙击手，就像在战争的废墟和瓦砾中玩致命的猫捉老鼠的游戏一样，失败的一方绝没有第二次机会。

面对狙击手的平均寿命只有三周左右的残酷现实，帕夫利琴科带着强烈的生存意识，灵活多变地运用各种策略和技巧来求生。狙击手一旦被对方俘获，马上会当场就地处决。

雷雨天气或炮轰的时候，是帕夫利琴科猎杀的绝佳时机。在这种情况下，一方面步枪子弹的爆裂声会被掩盖掉，另一方面敌军也放松了警惕从而不易暴露自己的位置。她极少在同一个狙位开第二枪，更绝不会在同一位置隐藏第二次。她把布条系在危险地带的灌木丛上，这样一来随风飘扬的布条分散了敌军观察手的注意力。有时，手榴弹、地雷和烟幕弹也为狙击手提供了进一步的保护；服装店的人体模型也被拿来用作诱饵，诱使敌军狙击手现身。

帕夫利琴科在冷酷无情的狙击手心理战中表现得无与伦比。射杀一个班或一个纵队站在第二位置上的士兵，是她一贯的作风。这引起了敌军行军部队士兵的恐慌，谁都不想站在那个位置。有时候帕夫利琴科会故意打中一名士兵的腿部，随后在他呼叫求助的时候，可以引来更多的敌军。

帕夫利琴科的这把 7.62 毫米口径的莫辛 - 纳甘狙击步枪，只须在无人的地带开上一枪，就足以令德国人和罗马尼亚人心生畏惧。帕夫利琴科的名声开始在乌克兰传播开来。每次她去后卫部队时，步兵们都呆呆地看着她，不敢相信眼前这个身形瘦弱的女子竟是那个冷酷精准的杀手。到 8 月 29 日，德军进攻敖德萨的第 28 天，帕夫利琴科的杀敌数已达到 100 人，换句话说，她平均每天的杀敌数将近 4 人。在任何一场战争中，很少有人能在这么短的时间内取得如此大的成功。实际上，她已经成为了世界上最有成就的狙击手了。

靠近里切维卡国营农场的一小块苏联墓地是一处重要的战略要地，因为沃兹涅先斯基 – 敖德萨公路横穿该农场。苏联狙击手事先早已在防守外线部署完毕。那一天，帕夫利琴科孤身作战，她爬上了墓地里的一棵树，心想树叶可以掩护自己，而在树上可以获得更好的观察视野。

刚刚爬上树，就飞来一颗子弹击穿树叶，从她的头顶掠过。紧接着又飞来一颗子弹。帕夫利琴科意识到自己已经身处险境，至少已经有两名敌军狙击手盯上了她。她索性撒开手，从距离地面 12 英尺的树上跳下，掉到了两座坟墓之间的草地上。脊椎一阵钻心的疼痛，但她咬着牙，一动也不动地躺着，假装已经死了。因为她知道，即使是动弹一根手指，都有可能引来更多的机枪扫射。

几个小时过去了。正午的太阳暴晒着她的身体，各种咬人的小昆虫爬到了她的脸上。

终于，太阳下山了。在夜色的掩护下，帕夫利琴科从墓地爬回了部队。回到部队后，她在床上躺了整整两天。之后的一个星期里，她要借助一根临时拐杖的支撑，才能一瘸一拐地走路。

敌军还在继续攻打敖德萨。苏联没有投降，德国亦没有减弱进攻。当西北高地被攻陷，德军占领萨科河岸南部的地区后，德军的大炮就可以炮轰到敖德萨和苏联防线的任何一个地方了。苏联遭受了致命的一击。

军靴、马匹和坦克激起的烟尘令人窒息。烟尘在空中飘浮着，一直飘到和城市高楼一般高度的云层里。一场九月的冷雨落下，转瞬间烟尘都变成了泥。暴雨持续了几天，道路变成了难以穿越的沼泽地。在这样的路上行走，人能陷到膝盖，至于车辆，连车轴都给淹没了。

敖德萨的建筑几乎没有一栋还是完好的。在米哈伊洛夫斯基广场、波将金台阶以及东正教教堂壮观圆顶上，激战几乎没有停止过。对于当时已经晋升到高级军士的帕夫利琴科这样的狙击手来说，这种环境下可狙杀的目标太多了。她的射杀总数又增加了 87 人。

1941 年 10 月 9 日，在一场战斗中，帕夫利琴科的头皮被一块弹片划了一道很深的口子，而她的连长彼得连科少尉阵亡了，雷欧尼特 · 基岑科军士长——狙击手兼帕夫利琴科狙击手分队的一名高级军士——也受伤了。英勇的帕夫利琴科的头部绑着脏兮兮的绷带，头上戴着被拉低来固定绷带的帽子，脸上流着血，仍旧在努力保持清醒的意识。

"懦夫！"一名政府官员责骂帕夫利琴科受惊的战友们，"看看这个女人，连帕夫利琴科都有男人的勇气。"

最终帕夫利琴科被送去了一个医疗营。她出院仅几天之后，也就是 10 月 15 日，敖德萨就被攻陷了。按照斯大林的焦土政策，在夜色的掩护下，黑海舰队撤出 35 万多名士兵和平民后，苏联的破坏小组要尽可能地毁掉一切能毁掉的东西，剩余毁不掉的则在下面埋地雷。在这场攻城战中，苏联阵亡 16578 人，受伤 24690 人；而德国和罗马尼亚阵亡 17729 人，受伤 63345 人，其中 187 人死于柳德米拉 · 帕夫利琴科的狙击枪下。

很快，塞瓦斯托波尔也受到了围攻，更残酷的战斗正在后面等待着帕夫利琴科。

不可否认，正是时代和环境造就了柳德米拉·帕夫利琴科。如果没有这场战争，她很可能会在乌克兰的某个地方，当一名不起眼的历史老师，过着平静的生活。然而实际情况并非如此，当她所在的第25师从敖德萨撤离，前去增援塞瓦斯托波尔时，她已经是整个克里米亚地区有着确定的187人杀敌数的著名狙击手了。很快，全世界将会听到有关这个“世界最危险的女人”的故事。

塞瓦斯托波尔位于克里米亚半岛的尖端，是东部战线最难攻破的地区之一。该地区群山环绕，崎岖的山脉为这座城市提供了天然的防护。德军需先穿过狭窄荒凉的皮里柯普地峡，接着才是克里米亚。但由于受狭长地形的限制，敌军只能被迫展开正面攻击。1941年9月24日，苏联舰队到达该地区，皮里柯普地峡之战打响。激烈的战斗一直持续了九个月。战斗中，敌军共动用了德军六个师，罗马尼亚军队两个旅，外加战机和威力巨大的火炮，才攻下了苏联的这座城池。

在一次战斗停歇期间，帕夫利琴科随第25师乘船到达了塞瓦斯托波尔。历经敖德萨战役已精疲力竭且伤亡惨重的部队，又迅速地投入到另一场战争中。

19世纪，也就是1853年6月，在克里米亚战争中的塞瓦斯托波尔一战中，俄国人在无人区的散兵坑里开创了狙击战术。和当年的敖德萨一样，塞瓦斯托波尔的苏联狙击手们也修建了为数不多的改良版“散兵坑”来作为主要阵地。帕夫利琴科时而单独作战，时而同一名观察手或其他狙击手合作，继续执行着让她在敖德萨一举成名的使命。她一般在凌晨3点的时候潜入藏身处，有时为了击中一个目标就要等上足足两天。

冬天即将来临，早上褐色的枯草和光秃秃的树枝上可以看见冰霜了。恶劣的天气加重了帕夫利琴科之前受的伤，在前线的一天就像是和平年代的一个月、甚至一年那么漫长。她越发地消瘦、憔悴，眼神也和其他老兵一样，变得茫然了。白发也悄悄爬上了她早先一头乌黑发亮的秀发上。

尽管如此，帕夫利琴科还是坚持下来了。穿着宽松的裤子和带有一顶大兜帽及各种绳圈的迷彩服，她每隔几天就能射杀一到两名敌军。她一直处在移动之中，从一个地区到另一个地区。执行任务时，她那犀利的眼神和稳健的双手发挥了重大作用。基辅的那些老相识们，现在绝不会相信眼前这位久经沙场的狙击手，竟是当年那个穿着高跟鞋和双褶连衣裙的年轻大学生。

随着战绩的广泛传播，脱胎换骨的帕夫利琴科已在全国出名了。政府经常拿她来激励那些饱受战事之苦的普通民众，他们如此说道："如果那个漂亮的年轻女子都可以坚持下来，我们这些不上前线的人，怎么还能抱怨食物配给和其他的一些困难呢。"

甚至连德国人都对她非凡的战绩有所耳闻。一天下午，帕夫利琴科射杀了敌军一个班中的无线电技术员。当时这支部队正在从一座空荡荡的农舍赶往一个堆满发霉干草的谷仓。那天还下着雨，视距受限，在这种情况下进行狙击可谓是一次大胆的尝试。而这样的一枪只可能是这位"来自地狱的苏联女人"打出的，于是一位德国军官站起来喊道："柳德米拉，离开你布尔什维克的同伙们，来加入我们吧。"结果，帕夫利琴科开枪打死了他。

10 月 28 日，苏联的外层防御崩溃，除塞瓦斯托波尔之外的其他克里米亚地区都落入了德国人之手。从秋天到初冬，苏联人一直在顽强地保卫着黑海尖端的这片地区，战斗从防守到反攻，反反复复从没有停歇。德国的火炮和迫击炮不断地轰炸着这座城市，到后来，这座城市已形同一片废墟，几乎没有一栋完好的楼。日子一天天过去，在战火的洗涤下，起初数量为 235000 的苏军已损失大半。

狙击手是城市防御战中不可或缺的一部分。在塞瓦斯托波尔保卫战中，截止到战争结束，即1942年7月那天，估计一支不到300人的苏联狙击手队伍，消灭了共约10000名——相当于一个师的兵力的德军。当时帕夫利琴科已被授予少尉军衔，是保卫战中杀敌最多的狙击手；其次是军士长雷欧尼特·基岑科，至此他在敖德萨战役中受伤的身体也已康复了。

苏军撤退到塞瓦斯托波尔后，帕夫利琴科和雷欧尼特·基岑科组成了一对狙击搭档。他们的战绩十分突出，战友们都夸赞说仅他们二人就能抵得上一整个步兵师的战斗力。一天之内，他们就可以射杀三至四人。还有人不止一次地看到他们拥抱在一起，其关系远远超过了战友之情。

不断传来的骇人听闻的德国暴行激起了帕夫利琴科的愤怒：德国成立了专门杀害苏联平民、战俘和犹太人的别动队。在基辅等地，被枪杀的犹太人直接扔进了万人坑；此外还有成千上万的人都以这种方式被残杀。在明斯克，纳粹党卫军从监狱拉出280名苏联平民，让他们在水沟前排成一排，然后割下他们的头颅。1941年9月26日基辅失守后，德军用牛车把38000苏联平民拖到劳改营，之后他们中的大多数人再也没能回来。为了减少乌克兰人口，为德国人定居腾出地方，针对一些德国人看中的地区，侵略者就采用饿死当地人或者散播疾病到该地区的办法。“这支军队不是由士兵组成的，很大程度上可以说是由野兽组成的，”希特勒说道，“这是一场灭绝战。”

针对像帕夫利琴科这种远近闻名的苏联狙击手，但凡能杀掉他们的德国狙击手，都会得到一大笔赏金。杀掉20个，狙击手可以得到一块名贵手表；40个可以得到一把猎枪；60个则可以和赫尔曼·戈林一同去打猎。但现实中，鲜有狙击手能在敖德萨和塞瓦斯托波尔战役中存活下来，去体验一次打猎之旅。帕夫利琴科将要和36名敌军狙击手进行对决。

对于德军来说，帕夫利琴科不仅是致命的，更令他们感到羞愧的是，她是一个女人。当纳粹国防军关闭了塞瓦斯托波尔坚固的防护带后，德国狙击手定下了协议，他们要用手中的步枪结果了这个苏联女人。

11 月 11 日，6000 名轴心国士兵发动了为期四天，进攻塞瓦斯托波尔防线某区域的战役。该区域的多山地形导致进攻极为困难，而这正是帕夫利琴科最喜欢的猎区，因为此地可以提供极好的伪装和隐藏。作为她一贯的习惯，在一个清冷的早晨，天还没亮，帕夫利琴科就已匍匐爬到了狙位，静静地等候机会的来临。另外，她的长期合作伙伴雷欧尼特·基岑科，则被分配到了其他的战区。

在晨光中，帕夫利琴科注意到在她前面约 400 米的地方，有类似士兵脊背的东西在一排新生长的树木下的灌木丛中移动。透过双筒望远镜，她看到那是一只头盔。一般来说，狙击手绝不会放过这样难得的机会，但是帕夫利琴科耐住性子没有开枪，因为这个头盔的移动看起来不是很自然。接着她发现在头盔消失不见的地方的左边，有一阵树枝的颤动，这阵颤动引起了她的注意。这是她自己之前用的老伎俩，在灌木丛中系一根线，然后从远处拉扯这根线来晃动灌木丛，诱使敌军狙击手开枪，从而暴露敌军的位置。

帕夫利琴科紧张不安地等待着行动的时机。太阳爬得更高了，阳光把这片低地上的霜照得闪闪发亮。在接下来的几个小时中，有几次她都注意到了一些移动，但时机还不够成熟。帕夫利琴科知道那些只是诱敌的伎俩，一旦她举起步枪或是稍稍移动头部，这些微小的动作立马就会被对面训练有素的敌军觉察到。敌军的这位狙击手十分清楚自己的目的。在这样的情形下，帕夫利琴科一般会选择撤退，改日再战。但是这次，她仍趴在原地不动，并不仅仅是出于高傲，而是因为这位敌军狙击手已经射杀了她多名战友，如果她今天不干掉他，他还会继续射杀她的战友。

帕夫利琴科注意到了一个影子的移动，这个移动相当可疑，紧接着，她又看到了枪口的闪光。刹那间，敌军高倍率步枪射出的子弹的爆裂声从远处的山脊反射回来。就在帕夫利琴科头顶处的一块石头，瞬间化为了粉末，如雨点一般落下。

第二次射出的子弹又从她头顶几厘米处“啪啪”地擦过。帕夫利琴科把身子往后挪了挪，借助小山的斜坡做掩护，蜷缩着身子向附近一块突出的岩石爬去，躲进了厚厚的荆棘和老树交织成一片的地方。在这里，她可以俯瞰到她和对手所占据的山脊线之间低地的全景。

帕夫利琴科丝毫不敢移动，只能通过眼珠左右移动来观察。此刻，她埋伏在那里等候敌军的出现，寒冷、紧张和饥渴一齐向她袭来；而且敌军狙击手也正埋伏在某地等候着她。这是一次高赌注的扑克游戏，就看谁先眨眼，谁就输了。

这场对持持续了整个一下午。后来乌云滚滚，天空飘起了雪花。帕夫利琴科下定决心，一旦时机到来，她绝不会错过。这场游戏的名称就叫作“耐心和精准之战”。

火炮的声响就像一场即将来临的暴风雨，小鸟和动物四处逃窜。

事实证明，相比之下，德国狙击手则显得耐心不足。出于好奇，这名德国狙击手犯了一个大错——他抬起了头，想要在放晴的天空下看得更为清楚。但此时，帕夫利琴科的十字线已经对准了他的额头。当帕夫利琴科扣动扳机时，这名德国狙击手似乎正在直视着她。这是帕夫利琴科在狙击手对决中打出的第一枪，并且全程都由她一个人完成。

事后，一名苏联巡逻士兵证明，死者是一名狙击老手，曾经在敦刻尔克战役中，击毙了400余名盟军战士。

帕夫利琴科和她的伙伴雷欧尼特·基岑科继续用他们的步枪射杀敌军，以至于后来德军称他们为“冬季危机”。尽管时常遭受饥寒交迫，身上满是旧伤新伤，他们二人仍继续在雪地上奋战。1942年春天，柳德米拉在Imgarmansky灯塔列阵附近，作为一位前线狙击手前辈，教授新手如何成为一名狙击手。

大约是在 1942 年的 5 月上旬，军士长雷欧尼特 · 基岑科阵亡，有可能死于无处不在的炮轰。关于柳德米拉和雷欧尼特的关系，几乎没有任何的文字记载。不过据推测他们结婚了，曾有一处记录顺带提到过这个话题，但是没有提及名字，只说帕夫利琴科的“丈夫，也在苏联红军中服役，在一场保卫战中阵亡”。

其他狙击手注意到，自从雷欧尼特死后，柳德米拉对敌军的恨意更深了，怒火一直延伸到她的内心深处。5 月下旬，南方军事委员会证实她共射杀了 257 名德国士兵。在一次狙击手队伍的会议中，她发誓在接下来的几天里把杀敌数增加到 300 人，后来她的确做到了。

1942 年 6 月 2 日至 6 日，纳粹德国空军向塞瓦斯托波尔及其港口投下了 570 吨炸弹，而这仅仅是最后突袭的开始。随后，重型火炮开始轮番上阵，包括一些有史以来最大型的武器，如口径为 600 毫米的卡特迫击炮以及口径为 800 毫米的古斯塔夫铁道炮，共发射了 42595 枚炮弹，相当于 2449 吨弹药的火力。6 月 7 日，德军攻破了塞瓦斯托波尔的外围防线，占据了北部海岸的大部分地区。尽管苏联仍在后方和侧翼进行顽强抵抗，但谁也不敢猜想，苏联到底还能撑多久。战争已进行到最后的日子了。

历经各种枪林弹雨的日子，帕夫利琴科浑身都是伤痕。终于，她不能再继续战斗，被转移到了位于塞汶那亚湾的一处由香槟厂改建的弹药转储地兼野战医院。从那之后她再也没参加过战斗。由于她与日俱增的名声，在 7 月 1 日德军进入塞瓦斯托波尔的前一晚就乘潜艇撤离了。据统计，帕夫利琴科的杀敌数为 309 人，其中包括 200 多名敌军军官和 36 名狙击手。但是，由于她经常独自作战，而被杀的敌军又需确定后才算数，这就导致了统计的杀敌数值偏小。实际上帕夫利琴科的杀敌数近 500 人。而另一位著名的二战苏联狙击手——瓦西里 · 扎伊采夫，在斯大林格勒战役中，击毙了 225 名德军士兵。

1942年7月4日，德国人在塞瓦斯托波尔宣布胜利，他们花了27天攻下了这座城池。在这场战争中，苏联伤亡18000人，被俘95000人，只有25157人成功撤离。德国伤亡24000人；罗马尼亚人阵亡1597人，受伤6571人。帕夫利琴科所在的第25步枪师由于战斗失败而宣布解散，军旗永远地沉没在了黑海，余下的士兵重新分配到了其他部队。

1942年末，声名大噪的柳德米拉·帕夫利琴科被送往美国和加拿大，去争取二战盟友对苏联的支持，期间她在美国43个城市发表了演讲。此外，她还是第一个受到白宫接见的苏联公民，并且与富兰克林·罗斯福总统及第一夫人埃莉诺共进晚餐。各界名流排着队等候与她合影。民间音乐家伍迪·格思里为她专门写作了一首歌——《想念帕夫利琴科》。此外，以她为原型，1943出版了连环画《战争英雄》。她还和劳伦斯·奥利弗共同出演了纪录片《黑海人民》。著名演员查理·卓别林亲吻她的每一根手指，说道：“如此纤细灵巧的双手竟击毙了成百的纳粹军，真是太了不起了。”

1942年9月28日，《时代周刊》采访了帕夫利琴科，而她对美国妇女和美国媒体进行了温和的嘲讽：

> 针对华盛顿的女新闻记者向我提的一些问题，我感到十分震惊。难道她们不知道有一场战争正在进行中吗？她们问了我一些愚蠢的问题，比如我用不用胭脂、水粉和指甲油，烫不烫卷发等等。甚至还有一名记者批评我的制服裙子太长了，而美国女性穿的裙子更短些，说我穿上制服显得很胖。

退出战争后，这位“世界上最危险的女人”在莫斯科附近的中央女子狙击手学校担任狙击手教练。她获得的荣誉有：带金星的列宁勋章；英勇奖章——奖励给杀敌数达40人以上的狙击手；苏联英雄称号——苏联公民的最高荣誉，在所有的 11635 名获奖者中，只有 92 人是女性，包括已经去世的 50 人。

1945 年，帕夫利琴科晋升至少校军衔，随后她回到了基辅国立大学继续攻读研究生学位。苏联发行了两枚以她为主题的纪念邮票，此外一艘政府渔船也以她的名字命名。

1943 年，帕夫利琴科有了第二次婚姻，并生下了一个儿子。丈夫和儿子都非常低调，几乎没有任何关于他们的文字记载。柳德米拉也很少公开谈论她的狙击生涯。除了她自己在杂志上发表的关于塞瓦斯托波尔防卫战中，她所在师的战斗经历的几篇文章和一本书，以及她逝世后刊登在苏联课本上一篇很短的文章外，很少有记载她功绩的文字。柳德米拉被记录下来的文章很少，其中有一段来自她的 1968 年伦敦之行，有一位记者问及她在塞瓦斯托波尔之战的感受。

当时她回答道，开枪时她毫不含糊，事后也无内疚之情，“如果你和你的孩子走在路上，然后你看到了一条蛇，你会怎么做呢？”

1974 年 10 月 27 日，58 岁的柳德米拉 · 帕夫利琴科走到了她生命的尽头。死后，她被安葬在莫斯科的公墓。在塞瓦斯托波尔，一条离军士长雷欧尼特 · 基岑科阵亡地不远的街道，就是以她的名字命名的。

附注：

由于苏联对二战资料的保护，有关柳德米拉的官方资料有限，所以我参阅了其他大量资料来填补这块空白。基于自己关于战争的知识和经验以及与参战人员打交道，再加上对二战时期所进行的广泛研究，我在写作这篇叙事性文章中，有几次采取了重建场景和对话的方式，来描述帕夫利琴科全面的形象。在写作过程中，我努力还原帕夫利琴科的个性与当时的战斗场景，以保证内容的真实性，并未更改一丁点的事实。

第三章　伯特·肯普：身怀绝技却勉强为之的战士

汤姆·C.迈克肯尼

伯特·威尔逊·肯普是他出生的那个年代和地方的典型代表：出生于20世纪早期田纳西州西部农村的一座家庭农场里。但他又远非是一个常人，他天生就拥有惊人的射击术，精准到不可思议的程度。他的这种能力表现在各类武器的使用上：弹弓、弓箭、手枪或步枪。武器的类型似乎并不重要，不管哪种武器他都同样擅长，一样可以运用自如。不知是什么样的基因造就了这样一位神枪手，让伯特·肯普成为了人类那万分之一拥有此项技能的人之一。他的大脑运转特殊，可以用闪电般的速度计算着如距离、弹道、动作、风力和时间，来确定瞄准图像和射击点，再通过神经通道发送最及时的信号给扣动扳机的那根手指，最后射出精准一枪。

此外，伯特还拥有超人的视力和敏锐的感知能力。这一天赋带给他额外的优势，因为每当打猎的时候，他总能在猎物看到他之前看到猎物。等到后来上战场，每当他在前线侦察或者跟踪某个指定的德国人的时候，伯特总能在目标发现他之前发现目标。他的侄孙——奥迪·肯普，作为伯特晚年时的徒弟和打猎的伙伴，曾这样简明有力地描述伯特的这种能力："他拥有老鹰一般的眼力。"

在大萧条时期的田纳西州乡村，将这些天赋和日益增长的家庭食物的需求结合起来，于是产生了一个罕见的奇才——伯特 · 肯普。

伯特出生于1919年田纳西州威克莱县的一个偏远农场里，他的父亲叫惠特 · 艾伦 · 肯普，母亲叫鲁迪 · 珍 · 尼科尔斯 · 肯普。距离农场最近的小镇是亨利县的卡蒂奇格罗夫，大概4英里远。伯特在家里6个孩子中排行老五，在那个年代，他们中只有3个孩子活到了成年。母亲在他6岁时死于肺结核，父亲也没有再婚。伯特在他出生的农场里长大，早早地就懂得了这些道理：想要生存就要辛苦劳作，合理利用可用的资源，自力更生。像其他孩子一样，伯特在农场辛勤劳作，一年四季都有干不完的农活。但在秋冬季节，有一些闲暇时间可以去打猎，而打猎渐渐成了他的最爱，同时也在很大程度上决定了他未来的生活。

为生计打猎

和那个艰难时期大多数偏远农场家庭的情况一样，肯普的家里几乎没有任何可支配的现金。当农场缺什么东西时，一般遵循的原则就是：亲手制作，将就着用，不用也行。而他能亲手制作，且不须花钱买材料的东西——石弩（或叫弹弓，肯普和他的家人都这样称呼它）很自然成了他第一件武器。后来他上战场时还带了一只弹弓，而且派上了很大的用场。甚至战争结束后，在他的余生中，他也从未忘却对弹弓的热爱，总是将其带在身上。这成了一句家庭谚语："如果伯特穿上了裤子，那他就一定会带上弹弓。"

家庭餐桌上的主要肉食就是野味。在那时，鹿很稀少，主要的猎物就是兔子和松鼠。伯特自小在森林长大，很自然地就学会了在里面自如穿行，就像自己是森林的一部分——不打扰任何生物，不发出一丝声响。他很早就会用自制的弹弓捕捉躲在高树上的松鼠，或者是逃窜中的野兔。在这种情形下，他只有一次射击机会，而且必须是一击致命，即命中头部。尽管他当时从未想过，这一经历帮助他成为了1942年的那个伯特·肯普。

9岁那年，他得到了人生中的第一支枪，一支口径为0.22的单发手动栓式步枪。正是这支步枪奇迹般地改变了家庭的经济状况。他猎捕到大量的松鼠和野兔，并且将多余的猎物卖给乡村杂货店的米勒先生。附近的其他男孩也这样做，但他们用的是猎枪，或者尽管用的是步枪，但大部分击中的是猎物的身体。而伯特的猎物则能换得更多的报酬，因为他的猎物被击中的部位都是头部，从而保证了猎物身上的肉完好无损。之后，他用赚到的钱买来更多0.22口径的子弹，再猎捕到更多的松鼠和野兔。此外，伯特把剩余的钱全部交给了父亲以贴补家用。随着他用完了一盒又一盒（每盒颗数为50颗）的子弹，他在困难环境里射中小型目标的天赋也得以提升到更高水平。“当我还是个孩子，在卡蒂奇格罗夫的时候，我几乎每时每刻都在打猎。”战后他这样告诉地方报纸的记者，“是大萧条和当时艰难的岁月，让你不得不小心瞄准你的目标，这样才可以给家里的餐桌增加点食物。”

棒球是伯特另一项擅长的技能。他是天生的棒球手，可以胜任任何位置，可以打出自然的曲线球。但是由于家庭农场需要他帮忙，就这样，伯特结束了在学校的日子，也结束了小学阶段的棒球生涯。当他暂时空闲的时候，便趁休息时间跑到那所只有一间教室的学校里，和那里的男孩们打上一会儿棒球，然后再跑回家。但即便是这样的日子，伯特也很难享受到。

终其一生，伯特从未放弃对棒球的热爱。在他晚年的时候，他看着自己的孩子和孙子们打，会适时进行一些指导。而他教他们的那些知识，可能连他们的棒球教练都不知道。

学会寻找本不该出现的目标

在大萧条时期，伯特的年龄在增长，同时他的木工技能和惊人的射击术也在持续进步。他的父亲教会他如何在静止站立的时候瞄准猎物。在搜索的时候，他学会了寻找那些意外出现的目标——也许是一只耳朵，或是猎物的一条没隐藏好的脚。当森林安静的时候，即使他什么都没有看见，但他能够听见鹿的脚步声，可以闻到鹿的气味。

伯特的“小型猎物生意”持续兴盛，他持续猎杀松鼠和野兔，然后卖掉肉去买更多的子弹。这种日子一直持续到了20世纪30年代末他参军入伍。那时，他每周会在猎杀那些小型、远距离、快速移动的猎物上用掉500颗子弹。

在那个年代，尽管当地的生活谈不上有趣，但也还总有愉快的时刻。有一次，伯特的贝莎阿姨在收集鸡蛋的时候，意外地发现了一个异常大个的鸡蛋，并成了一时的谈资。伯特拿出一枚镍币（在当时是很大一笔钱）和她打赌：在她把鸡蛋抛到头上几尺高的时候，他可以在她接住鸡蛋前用他的0.22口径步枪击中它，而赌注就是那枚镍币。贝莎阿姨觉得这个主意不错，就向上抛出了鸡蛋。自然，伯特轻而易举地在鸡蛋上升到最高点时击中了它，但贝莎阿姨却在抛鸡蛋时犯了一个小错误：鸡蛋正好是在她的头顶上方。当伯特的子弹射中鸡蛋后，大鸡蛋里的蛋清蛋黄正好落在了贝莎阿姨的头发上。她狠狠地臭骂了伯特一顿，但他几乎没听到，因为他当时笑得在地上直打滚。自然，伯特没有输掉那枚镍币。

在伯特还是个男孩的时候，就因为自己的射击技能而声名远扬。他的侄子奥迪（伯特大哥的儿子，与其大哥同名）只比他小11岁，他有一个引以为豪的棒球。一次，伯特叫他到房子的另一端去，那里可以确保他的安全，并且躲在伯特看不到他的位置。接着，他叫奥迪在随便一个位置任意把球向上抛出。他打赌他可以用他那把0.22口径的步枪击中它。奥迪跑到房子的另一端，向上抛出棒球，结果伯特击中了它。然后奥迪又跑到另一个地方，以一定的角度抛出球，伯特再一次击中了它。随后，这样的动作又进行了很多次。伯特完全沉醉在了击中棒球的兴奋之中，就连年轻的奥迪自己也没意识到，一直到最后一刻，他才发现伯特已经把他宝贵的棒球击成一块块的碎片。哭笑不得的奥迪只好跟伯特一起大笑，一个家庭传奇就此诞生。

在一个具有纪念意义的夏天里，三个肯普家的男孩决定去酿葡萄酒——这不仅违背了他父亲的规距，也触犯了禁酒令。在当时，私自酿酒在伯特的老家很流行，那里盛产葡萄，每颗葡萄的表皮上都粘附着大量的酵母，甚至连每一缕空气中都飘浮着酵母。此外，周围的田野和森林里有足够多的地方可以藏下任何东西。于是，奥迪、切斯里和伯特在森林里收集来野生葡萄（以圆叶葡萄为最佳），压榨成汁，在空气里晾一两天，好让足够多的酵母附到上面，然后将它储藏起来直到发酵完成。可是这三位业余的酿酒家们犯了两个错误：第一，他们把酒藏在家里；第二，封闭瓶口过早。葡萄的发酵没有进行彻底，再加上夏天夜晚高温的因素，很快，发酵中产生的二氧化碳持续累积，软木塞开始松动。最终，随着塞子“砰”的一声巨响冲出瓶口，随后掉落在地的声音惊醒了他们的父亲。酒自然是没有了，此外三人还受了一顿狠狠的鞭打。就这样，另一个家庭佳话诞生了。

外面世界的召唤

1940年，伯特21岁了。这个田纳西州边远乡村里鲜为人知的农村男孩开始声名远扬，没有任何广告的推广，他的事迹就从偏远的农村，从米勒商店的棋盘上，从卡蒂奇格罗夫阴暗肮脏的街道上传开了，一直传到了遥远的纽约州雷明顿武器公司。一名雷明顿招聘专员特地前来查证这个了不起的年轻人，并且给他提供了一份诱人的工作——一名展示射手。这份工作不仅可以给他带来之前连想都不敢想的金钱，同时也可以让他在武器和射击界里出名。但伯特是个安静内向的人，在他的世界里只有家庭农场、熟悉的山坡、山谷和森林，还有约翰逊教堂、小卫理公会教堂以及整个卡蒂奇格罗夫小镇。去一个陌生的地方，在陌生人面前展示枪法并不能吸引伯特。再加上比他大 13 岁的大哥奥迪已经结婚搬出去住了；而他另一个兄弟——切斯里，正处于肺结核晚期，农场离不开伯特。于是伯特拒绝了这份邀请，留在了农场。

但是，留下的时间并不长。

战争降临威克莱县

1941 年 12 月 7 日，日本偷袭珍珠港、菲律宾群岛和太平洋其他地方，美国被迫卷入战争。一个月后，即 1942 年的 1 月，战火蔓延到了威克莱县。就像第一次世界大战时期的阿尔文 · 约克中士一样，另一个田纳西州山里的乡村男孩极不情愿地成为了一名战士——伯特 · 肯普应征入伍。两个田纳西人都因天才的射击术而声名远播，另外，跟约克中士一样，伯特的宗教信仰和善良天性让他不忍杀人。和约克中士不同的是，伯特几乎不会活捉德国士兵；但说到射杀，肯普中士则比那位著名的田纳西前辈要优秀得多。

但差一点，所有后来关于伯特的事迹就不会发生。在伯特入职的时候，他未能通过体能测试。好在其中一个体检医师认识伯特和他的家人，也清楚伯特惊人的射击命中率。他得到了二次体检的机会，并且这一次，没再出现任何差错。1942 年 1 月 18 日，伯特 · 肯普成为了列兵伯特 · 威尔逊 · 肯普，编号为 34185517，成为了二战期间美军的一员。

“把这家伙拉下射击线！”

伯特在入军体检时被“忽视”的身体问题后来证明是疝气。刚开始基础训练不久，他就去做了疝气修复手术，也就错过了步枪打靶训练。基础训练之后，他加入了佛罗里达布兰迪营的第 1 步兵师。在为战斗做准备的步枪打靶训练中，一位军官看到伯特射出的一颗子弹将目标公牛的眼睛击得粉碎。

“把这家伙拉下射击线！”军官说，“让需要的人来这里。”随后，军中的指挥官开始关注伯特惊人的射击技能。正是这项技能，把这个田纳西乡村温和善良的年轻人变成了一台罕见精准的杀人机器。

伯特部队中的一名士兵开始见识到他神奇的射击术，并且有一段时间让他赚到了一笔钱。这位士兵瞒着伯特，以伯特能否射中小型目标和别人打赌，自然他知道伯特不会输的。伯特发现了他的所为后立刻停止了——他强烈反对赌博，尤其是知道对方不会赢的情况下的赌博。

恼人的瞄准具

在前往英国的兵船上，伯特决定改造一下他那把 M1 加兰德步枪上的瞄准具。他已经习惯了开放式瞄准镜，但这把枪后面那个小而圆的瞄准具让他很窝火，它限制了他视野。他不喜欢这个瞄准具，并且知道自己没有它能射得更准。伯特必须拿掉它，于是他从甲板下面的机械室借来了一把锉刀。回到露天甲板，他坐在那儿，开始用锉刀锉瞄准镜，直到它完全消失。

开始一切顺利，直到一名军官发现了他对步枪的所作所为。看到安装瞄准镜的位置空空如也，他不敢相信自己的眼睛，一时之间无法理解伯特为什么这么对待政府财产。他大发脾气，用能想到的各种惩罚（就差绞刑架了）威胁伯特。当他冷静下来后，开始问伯特为什么会对加兰德先生的杰作做出如此可怕的事情。"它妨碍我了。"伯特简单而诚恳地答道。这一回答再次引发了军官的愤怒。伯特遭到了起诉，计划在队伍抵达英国多赛特后，开始审理他的案子。指控罪一般都很严重，但在审理之前，一名听说过伯特超凡射击技能的高级官员说道："随他去吧，他已经证明了他所做的是正确的。"于是指控被撤销了。

第 1 师团在英国接受了三个月的训练后，开始起航前往北非，并于 1942 年 11 月 8 日在阿尔及利亚的奥兰登陆。维希的法国军队经过短暂的抵抗之后便投降了。而接下来的战斗并非这么简单，一切将变得艰难，甚至可以说是凶险，比如与埃尔温 · 隆美尔率领的德国军队以及驻守在马塔尔、泰布勒拜等地的意大利军队的战斗都是如此，至于在凯赛林隘口、加夫萨、贝贾和马特尔等地的战斗更是血流成河。他们一直在北非战斗到了 1943 年 5 月份，在那之后转去西西里岛。

伯特的第一次狙杀

当伯特与第 26 步兵团第 3 营 L 步枪连的战友并肩作战的时候，他还是个侦察狙击兵，经常被派到前沿阵地，主要的任务就是侦察敌军的一举一动，获得最新的情报，以及远距离射杀一些选定的目标（通常是军官）。在北非战场上，伯特完成了人生的第一次狙杀。有一次，他发现了一个隐蔽在瞭望台的德国士兵，虽然他可以轻易击中这名士兵，可是却迟迟下不了手。最终那个德国人发现了伯特并开了火，但没有击中；再一次开火，还是没有击中。德国人一共开了八枪，子弹距离伯特越来越近。在他开完第八枪，子弹激起的泥土溅到伯特脸上时，伯特终于扣动了扳机，只一发子弹，德国人便倒下了。深深扎根在伯特心中厌恶杀戮的态度并不容易克服。

在当时，伯特的职务是一名侦察兵，负责侦察行军部队前方的状况，但又要保持不被敌军发现。一次，部队到达了一个长为 5 公里，形为手套状的叫作凯赛林隘口的地方。正是在那里，美国人在埃尔温 · 隆美尔手下遭受重大失败，他们从所付出的沉重代价中学到一些教训。这场失败的战斗实际上包含一系列大大小小的惨败，主要原因就是美国将领的领导无方和士兵们的训练不足。隐蔽在一个山坡上的伯特可以俯瞰到整个山口，他以敏锐的眼光和常识判断出他所在的部队将要遭遇什么，于是赶紧用无线电联系指挥部并发出警告。但指挥官却说，他才不会因为一个级别低下、刚刚入伍的士兵的意见而改变作战计划。“我们知道该做什么。”他回应道。可实际上他们并不知道。伯特别无他法，只能眼睁睁地看着隆美尔的部队一步步吞噬他们。

北非山里的冬季非常寒冷。一次偶然的机会，伯特完成了自我拯救。一队德国士兵从意料之外的方向走来，伯特大吃一惊，此时他无处可逃，也无处藏身。绝望之下，他只好采用儿时的把戏——钻进雪里并保持不动。德军从他的身边经过，距离近到甚至可以听见他们的讲话声和咳嗽声。确定他们走远之后，他才小心翼翼地从雪里爬了出来，警惕地向四周观察。他看到德军已经走远，而此刻自己正位于他们身后。他这时明明可以轻而易举杀掉他们中的一些人，但只是高兴地离开了，继续他的巡逻。回忆起那天的经历，伯特说，藏在雪里并没那么糟糕，“如果你在雪下待得够久，你的身子反倒会变暖和。”

壕沟、坦克和成群的德军

有种情况下伯特会感到很孤独，那就是在部队前方，只身一人隐蔽在壕沟中的时候。他秘密地观察着德军集合，当他彻底暴露后，德军开始攻击壕沟。他无处可逃，而德军离他越来越近。面对步步逼近的德国步兵，他开始孤注一掷。他用一只手迅速给 M1 步枪装填弹药，另一只手则继续用手枪射击。给步枪装填完子弹后就接着用步枪射击。伯特喜欢一枪爆头，德军来一个倒一个。无数德国士兵倒在了壕沟前面，他们一定无法想象是在和一个人战斗。后来德军调来了一辆坦克。在阵阵轰隆声中，这个巨大的机器一步一步在向伯特逼近，他十分清楚自己无法与这样一个庞然大物抗衡，所以他试图离开壕沟，逃到树林里去。此时，德军步兵开始向壕沟边紧逼，每次只要他们从坦克后探头，仍在逃跑中的伯特便会开火，那个脑袋就会消失。不经意间，伯特射杀的数量可以抵得上一个普通军事行动的杀戮数了，而这些竟是一人所为。

伯特跑到了壕沟的尽头，但此地距离树林还有 50 米的距离。他奋力飞速跑向树林。此刻坦克里的机枪手向他开火了，连续不断的子弹唰唰射来，激起的泥土也不断飞溅到他身上，这时他才跑了一半的路程。他以为自己肯定要完蛋了，就在此时，一架 P-38 战斗机突然出现在他身后。战斗机位于树梢高度的位置，直扑坦克而去。伯特从未见过飞机飞得如此之低，当飞机掠过他头顶时，他感觉身上的大衣都要被卷走了。P-38 击毁了坦克，接着把火力转向了毫无防护的德军步兵部队。伯特在枪林弹雨中成功地逃进了树林，没有回头地离开了。他的步枪枪筒依旧炽热，由于沾附夜幕降临后的露珠，氧化生锈的速度大大加快，步枪一夜之间竟生了锈。第二天清晨，部队开始行军，伯特仍像往常一样在前方侦察。到达壕沟后，他们发现壕沟前堆满了德军的尸体，可谓是尸横遍野。伯特回忆道："我们前进了 40 码，脚都没有碰到过地。"

不久之后，伯特找到了一位志同道合的狙击队友，他不再需要一个人行动了。

一位狙击队友兼一生的朋友

伯特晋升为了一名上等兵，随后又被提升为下士。在一次进攻敌军驻守山坡的行动中，他发现了一个会成为他的狙击伙伴以及一生最好朋友的士兵。

山上的火炮和迫击炮早已备好，先头部队开始挺近。队伍伤亡惨重，进攻好几次被逼退回来。最终，在最后一次进攻尝试中，下士伯特被任命为指挥，率领突击。他用手榴弹开路，一路成功攻到山顶，但他知道必须立刻组织一次快速防守，以防备德军反击。他向四周看了看，目测山上还剩多少人。然而，山上只剩下了一人，那个人就是来自密西西比的卫斯理·霍利，其他的手下或伤或亡，还有的未到山顶就向后撤退了。他和卫斯理坚守在山顶上，一直到援军抵达。就这样，一段友谊开始了，并一直持续到45年后卫斯理辞世才结束。在随后数月的战斗里，二人形影不离，并至少拯救过对方一次性命。

我们今天所了解的狙击手小组，就是其中一位充当射手，另一位带着望远镜充当观察手的组合。但这个组合并未在1943年北非和西西里岛的战役中得以展现。伯特和卫斯理的联手合作在更大程度上是出于他们自己的安排，出于必要，而非刻意为之。他们互相信任，彼此了解，有时甚至无需任何言语就可以交流。

跟伯特类似，卫斯理在密西西比州诺克苏比县的一个偏远农场长大。还有一点也和伯特相同，他也在森林里长大，以狩猎为生。自然跟伯特一样，卫斯理练就了一名狙击手所必需的技巧和耐心，这成为狙击手想要高效执行任务并能保住性命不可或缺的品质。从这个意义上来说，他们是天生一对。

凯赛林隘口战役后，许多指挥官都被撤了职，战术也很快重新调整，以适应地形及德军的战术。有一点可以肯定，当伯特所在的队伍被分配至北非后，关于派遣狙击手这一点并没有任何成文的规定。他们被当成“侦察狙击手”，并在必要时被呼来唤去地做各种各样的事情，这显然和我们今天所说的狙击手的职责相差甚远。在第一次世界大战僵持阶段，狙击在壕沟战中得以高速发展，但可惜的是，它在战后便被放弃了。现在看来，尤其在第二次世界大战的静态战中狙击更为重要，例如斯大林格勒战役。但在北非和西西里岛的快速战中，狙击更像是即兴演出。伯特和卫斯理在战斗中联手创造了这门艺术，恐怕也只有上天的眷顾以及他们过去各自在田纳西州和密西西比州长大的经历才让他们得以幸存。他们既没有望远镜，也没有瞄准具，他们所拥有的是锐利的双眼，对户外情况的掌控，以及他们精准的射击术。

伯特和卫斯理绝不会投降

伯特和卫斯理在狙击事业上功勋卓著，远近闻名。他们都十分清楚一点——绝不能被活捉。他们听说，如果被抓，德国人会折磨他们至死。当然，这不一定是真的，但传闻如此。

他们经常在部队进攻之前行动，找到隐蔽位置后，在那里他们可以连续数天观察敌军的活动，也可以射杀一些选定的目标。有一次，正当他们准备出发的时候，却被告知还有一人将跟随他们一同前去。一名中尉加入了这个狙击小组，他被派来向伯特和卫斯理学习些经验。然而，这次巡逻并不顺利。他们被德国人发现了，德军先是以小型武器攻击，之后升级到正式进攻。中尉之前从未真正上过前线，惊慌失措地提议他们应该缴械投降。伯特目光不离敌人，只是说了句"不，长官"，并继续射击。当他无意瞥向中尉时，惊讶地发现他正把白手帕往M1卡宾枪枪管上系。而中尉一抬头，发现伯特的枪口正对着自己。他默默地转向卫斯理求助，发现卫斯理的枪口也正对着自己。之后伯特和卫斯理又继续战斗，中尉低下身子，蜷缩在洞里哭了起来。不一会儿，伯特听到右侧有枪声，他看到中尉已经恢复了冷静，加入到战斗中。战争愈演愈烈，德国人开始用轻机枪扫射。轻机枪口的闪光瞬间遮挡住伯特的视线。最后，在致命的步枪的射击下，再加上中尉的卡宾枪的增援，德军撤回到了防线内，伯特一行三人从后方的森林逃走了。

回到部队，伯特告诉中尉，自己绝不会把他试图投降的事告诉他人，但他希望不再跟一个没经验的长官一起出去巡逻，不然为了不被活捉，他可能会犯抗上的罪。

勃朗宁自动步枪和德国机枪

伯特的狙击术越来越得心应手，结合他在森林长大的经历与在战场上获得的实战经验，他发展了自己的狙击技巧和策略。他很快学会了一些关于勃朗宁自动步枪和德国机枪的知识。勃朗宁自动步枪是天才约翰·莫斯·勃朗宁的发明，重量为8公斤，和一架轻型机枪不相上下。射击时可扛在肩上，也可架在双脚架上，或用枪带吊在髋部。和所有勃朗宁武器一样，它稳定可靠。德国人很惧怕它，而伯特恰好得知了这一点。在高效勃朗宁自动步枪的震慑下，使用这种武器的人会成为德国机枪手的首要攻击目标。知道这一点后，伯特和卫斯理会隐蔽在中间位置，远离两边持勃朗宁步枪的人，这样方便他们隐藏，同时等待德国人的机枪射击，然后伺机狙杀。当德国人装备好重炮后，他们的注意力会集中在持勃朗宁枪的人身上。这样一来，伯特和卫斯理便可以一举端掉整个德军小组，并缴获他们的机枪。这时，持勃朗宁枪的人也会变得更安全。

在灌木篱墙和茂密灌木丛的战斗中，伯特想起了在他长大后，他父亲传授给他的打猎经验：停下，静止，“寻找本不该在那里出现的东西”。在田纳西州的森林里打猎时，“这种东西”可能是一条腿、兔子露在外面的一只耳朵，或是松鼠的一条尾巴。而在打仗时，“这种东西”可能是鞋尖，背包或头盔边缘，或是望远镜或瞄准具镜片的反光。一个一动也不动的德国士兵，自以为隐藏得很好，别人根本看不到他，但当一些“不该在那里出现的东西”暴露出来时，他会因此而丧命。

见光死

卫斯理是个神枪手，但不是伯特那种意义上的神枪手。卫斯理擅长远程狙击，当他有较充足的时间研究目标，估计风力、海拔和光的影响时，他的射击可以又快又准。当然伯特也能做同样的事；但此外，伯特还是一个快枪手。他能在一眨眼的工夫内，进行各种计算，然后大脑像接上待闭合的电路一样，能击中那些转瞬即逝的目标。如果一个粗心的德国人在晚上点香烟或烟斗的例子可证实这一点，就在这一两秒钟内，德国人的脸被伯特射击的火焰照亮，由于瞬间的不小心，这个德国兵将付出了生命的代价。战争结束后，卫斯理提到这事，他发誓说，就在电光火石之间，德国人的头就消失不见了，只剩下一丁点的光亮，在夜里忽明忽暗。他夸大了事实吗？也许吧，即使我们无意于此，故事也会随着时间的推移而不断被夸大。由于我当时不在现场，而卫斯理在，所以我不会怀疑他。无论如何，在战争中，并且是在黑夜里，“见光死”这条规则已经是长久以来不争的事实，尤其当对手是伯特·肯普的时候。

追踪重点目标

有时候伯特会接到击毙某个指定目标的命令——通常是一名德国军官。如果可以将一名军官击毙，尤其是在其安全防区内将其干掉，就可以造成敌军的指挥混乱，进而打击敌军的士气，至少可以暂时削弱敌军的战斗力。完成这类任务通常需要花费好几天时间，因为必须要在不被敌军发现的情况下，提前到达狙位，而且是目标一定会在附近出现的狙位。击毙目标之后，还想在不被敌军察觉的情况下逃脱并返回盟军防线，就更是难上加难了。

伯特曾听说，但可能未必真实，通常德国士兵所接受的训练都是学会服从，不允许有自己的想法，也不允许单独行动。若传言属实，一旦一支队伍的指挥官被击毙，那么整支队伍就会立刻陷入混乱之中。在这类任务中，有一次给伯特留下的印象格外深刻。那次目标是一名德军中尉，一支特别行动部队的指挥官。这位军官很优秀，战功累累，声名远播，也正是因此而招致杀身之祸。当伯特从一个敌军没有察觉到的射击位置用爆头的方式击毙这名中尉时，中尉的部下迅速做出了反应，四散逃开了。他们并没有重新集结，而是朝着子弹射来的方向进行疯狂反击。就在那最关键的几分钟，被击毙的军官身旁的士兵们一脸迷茫，而这段关键的时间正好被伯特用来逃跑。伯特发现，这类任务无论从什么角度来说，都是最困难的。除了要有耐心，还要不怕危险，同时还具有极强的个人针对性——这类行动好比谋杀一般。此类的狙杀经历在他脑海中久久挥之不去，其中一次更是记忆犹新。

那次也是最困扰他的一次经历，一直在伯特心中挥之不去。那次狙杀发生在沙漠里。在沙漠里作战，行军快，常常会分不清东南西北，部队之间的协调性也较差。当时，伯特所在的营由于孤军深入，被德军步兵团团包围，与团部失去了联系。但德军也没有足够的兵力吃掉这些美军士兵，双方继而陷入了僵持局面。双方谁也不能成功突围，于是德军就找来了一名会说英文的士兵，这名士兵曾在美国上过学。他开始用扩音器对着美军不停地喊话，想说服美军放弃无谓的抵抗，速速缴械投降。过了很久，士兵的喊话还在继续，伯特的指挥官走到正在外围阵地的伯特身边说："肯普，那家伙的话我听得不耐烦了，去把他给我干掉。"

伯特立刻动身行动，慢慢地爬上浅水沟，用沙漠中的灌木和凸出的岩石作为掩护和藏身处。他花了很长时间才到达了一个有利的射击位置，在那里可以看到那个喊话的德军士兵，而自己不会被敌军发觉，另外射程也十分清晰。就位之后，他正好面朝着那名士兵。伯特真的不想杀他，但俗话说军令如山。瞄准之后，他一枪毙命，那位德军士兵最后一次的劝降喊话喊到一半就戛然而止了。伯特在射击位置上慢慢地调转身子，最后顺利归队，回到自己在外围阵地的岗位上。

在伯特的余生中，这次狙杀一直萦绕在他的脑海中。伯特想着："那个人没有对我造成过任何伤害。他只是在喊话，没有对任何人构成威胁，对我没有，对其他人也没有，他甚至连一件武器都没有。"

伯特的名声传到了盟军那里，有时盟军也会前来向伯特求助。伯特会接到一些临时的任务，有时帮英军，有时帮法军。由于在帮助法军执行任务期间表现突出，他还被授予了十字军功章。据报道，曾经还有人建议授予他英国奖章，但要是真这样做了，会造成战场上军阶界定模糊而不便于管理，因为以前从未有过哪个美军士兵被授予类似勋章。有趣的是，在这样一个瞬息万变的大战场上，伯特声名远播，就连英法两军的高级统帅都知道他。有报道还称，阿道夫·希特勒也从隆美尔那里知道了这个美国第1步兵师里枪法精湛的狙击手。虽然并没有记录证实这一报道，但有这样一名能够在不被敌军发现的情况下，远距离追踪并击毙敌军军官，并且可以安全逃脱的狙击手存在，绝对是一个巨大的威胁。

随着伯特作为一名狙击手的名声不断传播，人们不禁联想起当初他还是农场里一个无名小辈时，就已经名声大噪的日子。那时他住在田纳西州的一个偏远小山村里。曾几何时，他的名声传到了纽约，连雷明顿武器公司的行政高官都知道他。似乎当一个人的名声达到他这种程度，想隐藏都隐藏不了。

战场上的弹弓

弹弓是伯特从小就能熟练使用的一种武器，也是他从始至终最喜欢的武器，几乎从不离身。在二战战场上，他都会随身携带着一把弹弓，确实有时这一武器能发挥至关重要的作用——不是用来猎杀德军，而是用来猎杀兔子。许多时候，当他和卫斯理一起在德军防线后方做长时间侦察或是在观测站长期驻守时，他们就会需要食物来补充能量。在西西里岛时，他们发现了科西嘉野兔。科西嘉野兔是野兔的近亲，但比他们儿时捕获的棉尾兔体型要大得多，而且这种科西嘉野兔在岛上随处可见。当伯特和卫斯理深入敌后又需要补充食物时，只要有伯特的弹弓在，他们就可以弄到科西嘉野兔肉。因为伯特的弹弓在捕杀猎物时不会发出任何声响，从不会暴露他们的行踪。在敌军看不到的地方，他们会生上一小堆火，把兔肉烤熟然后就地享用，或者烤熟之后随身携带。这时伯特会想起了自己还是个孩子的时候和米勒小店之间的生意，如果当时能猎捕到这些大科西嘉野兔，然后卖给米勒小店，自己还不知道能赚多少呢。

西西里岛的一枚银星勋章

在西西里岛的那场鏖战中，伯特当时还是一名中士，他发现自己处在十分关键的位置。像往常一样，他处在部队的前沿阵地，负责观察和狙击，随着德军不断加强攻势，伯特的这个射击位置在掩护战友方面发挥了关键性的作用。在为伯特颁发银星勋章的推荐词中这样写道：

肯普中士在敌军的坦克、大炮和机关枪的攻势下，表现出了英勇的大无畏精神。他驻守在已经暴露的制高点，却毫无惧意，百发百中，为战友转移到有利地形提供了有力掩护，给予大量德军以致命打击，同时还摧毁了一处德军要塞，为击退德军的一次蓄意反击做出了不可估量的贡献。

推荐词中“致命打击”这一表述很有意思。因为伯特一直以来都喜欢爆头，也就是说只要被他击中的都是致命的——倒下之前就已经咽气了。

对于伯特来说，颁发这枚奖章的过程比奖章本身更有意义，因为奖章是由美国第26任总统的儿子、陆军准将西奥多·罗斯福亲自颁发的。在为伯特别上勋章之后，罗斯福将军要求伯特转身面对台下的队伍，然后对着台下的士兵们说“向伯特看齐”。罗斯福将军还说，他还有许多这样的勋章，并激励其他士兵以伯特为榜样。伯特有点窘迫，面对赞扬他总是显得有些尴尬。战后，他一直拒绝别人称他英雄，他认为英雄是指那些为国捐躯的人。但和罗斯福将军站在一起的那一刻绝对是一次宝贵的人生经历，他将永远铭记。

五次受伤的严重后果

伯特在战场上一共受过五次伤：三次在北非，另外两次在西西里岛。有一次，他被击中，人事不省，战友们认为他已经死了。当时战局混乱，他和卫斯理走散了，和他一起的战友把他扔进了死人堆里。当卫斯理知道发生了什么之后，他独自一人返回，冒着生命危险穿过枪林弹雨，来到了那个堆积如山的死人堆。他找到了伯特，并把他拖到相对安全的地方。伯特接着被抬进了救助站，随后又被送往了战地医院。要是没有卫斯理的舍身相救，以及他那不管生死都不会抛弃朋友的信念，那一次受伤对于伯特将是致命的。伯特和卫斯理每个人都至少救过对方一次命，虽然两人都不曾对对方的英勇举动大加夸奖，但他们始终铭记对方的救命之恩。

每次伯特前往医院接受治疗时，他都会因无法和战友们并肩作战而觉得惭愧。这种情绪对于一个受伤的作战士兵来说很普遍。最后一次受伤，伯特伤得很严重，但他不愿意离开部队，说部队需要他，他还想继续参加战斗。但伯特第五次受伤太严重了，不仅结束了他的狙击生涯，同时也结束了他的军旅生涯。在西西里岛的恶战中，一枚榴弹片击中了他耳朵后面的部位，压裂了他的脑骨，并穿透大脑达 5 厘米之深。这次受伤不仅来得突然，且直接注定了伯特的命运：他的军队服役生涯就此终结。因为这次受伤带给他的后遗症是永久性脑损伤、眼睛重影、偏头痛以及单耳失聪，使用 0.30 口径武器射击时产生的后坐力和枪口风都会让他感到痛苦。伯特需要接受治疗。一开始是在海外，好转后是在他家附近。在他的后半生中，他必须佩戴眼镜来矫正重影，只要不戴偏头痛就会发作。

伯特和卫斯理两个人的侦察狙击兵小组就此解散了，彼此也失去了联系。但若干年后，当卫斯理又一次面对死神寻求伯特的帮助时，两人的友谊又意外地恢复如初。

后事

伯特作为作战步兵和王牌狙击手的生涯结束了。接下来，在被送回美国之前，他接受了几个月的住院治疗。回到美国之后，在他身体恢复参加工作之前，依旧进行更多的住院治疗。他暂时被委任为宪兵，负责监护乔治亚战争中的德国囚犯。可他伤得太重了，实在难担此任。头部严重受伤的后果就是控制情感的机能严重下降。常人难以理解这种痛楚，用伯特自己的话来说："百分之九十的时间里几乎快要疯掉，情愿一死了之。"就在伯特健康状况严重下降的情形下，又增加了对杀戮、对战友们的死伤的负罪感，所有的种种遭遇像大团的铅块一样压在他身上。

好在他没有疯掉——只是筋疲力尽了——并且不堪一击。他想起他那些死去的战友们，同时还在担心着卫斯理的安危。所有的压力累积起来，尽管他天生坚强，但也不足以支撑。这个安静、善良、敏感的男人，曾经以超人的天赋成为了一名王牌狙击手，而现在，他的内心世界开始崩塌了。引用马克·安东尼的话，优秀的狙击手都该是些冷血无情的家伙。

伯特尽管天性善良，但为时代被迫，听从了职责的召唤，在最困难的境况下表现突出。而现在在他的内心深处，充满了苦恼和悲痛。最终他因为残疾而被解职，离职文件上列出他的性格是"杰出"，健康状况是"糟糕"。他心满意足了，虽没有以前那么英勇，也算是鞠躬尽瘁了。

他回到家乡，依旧瘦弱、憔悴，罹患偏头痛、头晕和重影，还有单耳失聪。这个温和、善良、敏感的男人再也不想伤害任何人了。他拥有银质星章、五颗紫心勋章、战士英雄奖章、法国十字勋章、良好行为勋章，带着三颗铜星的欧洲、非洲和中东战役勋章，以及两次总统表彰的金边蓝色缎带和一枚蓝银相间的陆军作战徽章。

伯特回到了威克莱县，回到了生他养他的农场里。那是1944年的圣诞节，他的父亲需要他帮着干点农活，伯特很快重新干起了他的老本行。他徜徉在树林里，发现这里依然如此宁静祥和，这种环境可以治愈一切，他甚至不再想打猎了。

回来后不久，他参加了卡蒂奇格罗夫高中（当年他没考取）的篮球赛。就在那儿，他遇见了希拉·皮尔。他们的相遇完全出乎意料，不但突然，而且富有戏剧性。她跑过大楼拐角处时，刚好跟伯特撞了个满怀，可以毫不夸张地说，她撞倒了伯特。她是卡蒂奇格罗夫高中的高年级学生，曾在多次场合中听说过伯特。1945 年 11 月，他们结婚了。那年她 18 岁，伯特 26 岁。

他们在希拉父亲家附近买了一块农场，1947 年 12 月，四个女儿中的第一个——鲁迪出生了。两年后，他们的房子意外起火，一切化为灰烬。之后他们卖掉了农场，并且像南方许多人那样，搬到了北方的芝加哥去找工作。但鲁迪不适应那里的气候，并且伯特和希拉两人都不喜欢工业化的北方。他们还是回到了亨利县，在县政府所在地巴黎镇买了所房子。在那里，伯特为霍利化油器厂工作。希拉则天生擅长数学和记账，他们在家中置办了几个小产业。1955 年，双胞胎姐妹瓦里西亚和特雷西亚出生了。

危机让卫斯理和伯特重逢

当这对双胞胎长到 18 个月大时，一个星期天的午餐时间，一个电话改变了他们的生活。伯特接了电话，当他回到餐桌上时，已经泣不成声了。这个电话是当地警署打来的，他们接到一个来自密西西比女人的电话，她试图联系一个曾在战争中跟她丈夫一起服役名叫伯特的人。那个女人正是卫斯理 · 霍利的妻子。卫斯理在一次农场事故中严重受伤，神志不清，濒临死亡，冥冥中一直叫着“伯特”的名字。主治医师说，这个伯特一定是以前跟卫斯理同甘共苦过的人，现在最重要的事是找到他，并让他来医院。霍利夫人曾听她丈夫说过战时有个亲密的朋友叫伯特，可她不知道他姓什么。她只知道他曾住在帕里斯附近，是田纳西州人，便拨通了帕里斯县警署的电话，向警察讲述了所有的情况，于是伯特便接到了这个电话。

伯特立即动身前往。他守在卫斯理的病床旁边，握着他的手，接连几天对他说着话，直到他恢复了意识。伯特一直陪护直到确定卫斯理身体康复。遥远战场上诞生的友谊在密西西比医院被重拾起来，一直到30年后卫斯理辞世，他们都保持着亲密联系。两家的关系如此亲近，所以伯特的孩子很自然地叫卫斯理夫妇“卫斯理叔叔”和“玛蒂阿姨”，到今天还是这样叫，尽管他们俩去世已久。

后来的岁月

1962年10月，伯特和希拉的第四个也是最后一个孩子——汤米出生了。1966年，伯特的父亲去世，1969年，他的小妹格蒂也去世了，他的哥哥奥迪成为家中剩下的唯一亲人了。在那些年里，伯特和卫斯理经常一起去打猎和钓鱼，他们的孩子们总是跟着。那些时光他们永远不会忘怀，他们的孩子、孙子、侄儿侄女们到今天还时常说起那些时光。那些与卫斯理和孩子们在一起的时光是伯特最快乐的日子。

在他39岁那年，伯特用弓箭射杀了人生中的第一只鹿。尽管开始的很晚，但他仍然保持着密西西比和田纳西两州的猎鹿记录。他用的猎枪是小口径步枪，因为这种枪让他受过重伤的头好受一些。他最喜欢的步枪是一把芬兰产的0.223口径的步枪。用这把枪筒长达14英寸、配备望远式瞄准具的步枪，他猎杀了很多鹿。大多数猎鹿人都是射击鹿的心脏或脖子，伯特依旧偏爱爆头。他的侄孙奥迪说，当伯特想要“炫耀”的时候，他会来一次眼部命中。

伯特和希拉的婚姻中存在长期已久的问题，最终到达了伯特忍耐的极限，他希望情况会得到改善，可实际上没有。1977年，他们终于离婚了。伯特从不允许女儿们说任何希拉的坏话，“请记住，”他说，“她仍然是你们的母亲。”

在那些艰难的岁月里，伯特既当爸又当妈，但从来都毫无怨言。他自然而然地学会了烹饪、洗涤等所有的家务活。他的大女儿鲁迪说：“他可以将一件裙子熨烫得跟女人熨烫的一样好，他扎小辫子或马尾辫的技能是世界一流的。”她十分惊讶父亲那样一双粗糙、伤痕累累的手，在照顾自己的女儿们时，竟可以变得如此细腻温柔。

面对回忆

当被问起战争的时候，伯特时不时地会对亲密朋友们说起一些事情，但更多时候，他都闭口不谈。跟一群亲人或朋友在一起的时候，如果电视上播放战争电影，他会一言不发，默默离开房间。当女儿鲁迪在学校学到卡塞林山口战役，回家问伯特知不知道与之相关的事情。他站在那儿望着她，久久说不出话来，眼中噙满泪水，然后离开了房间。当他回到房间后，又接着做刚才在做的事，就好像她从来没问过这个问题。他从不跟女儿们说起战争，而且对她们说他根本不是什么英雄。

他那惊人的射击天赋从没有离开他。那对双胞胎姐妹在五六岁的时候，伯特曾经叫她们同时向空中抛硬币，然后他会同时击中两枚硬币的中心。之后她们会兴奋地去找寻那两枚射中的便士，一直找到为止。就在前不久，特雷西亚的女儿——麦卡，讲述了她自己的故事。她也跟爷爷玩过类似的游戏，而且她向空中扔出的是更小的10分硬币。无论是双胞胎姐妹或是麦卡，从未见他失手过。

那个永远的弹弓

从儿时开始，伯特就和他的弹弓形影不离，他总是随身带着那个由山茱萸做的弹弓。野生动物常常会跑进伯特工作的化油器厂，在那种情形下开枪打死野生动物则太过危险，但伯特总能用他那永远相伴的弹弓轻松解决。

在他女儿鲁迪的婚礼上，他们一起跪在圣坛上祈祷时合了影。婚礼后，鲁迪在看照片时，注意到父亲的礼服下面有个突起物——那就是他的弹弓，他一直放在裤子口袋里呢！

失去卫斯理和奥迪兄弟

1988年，卫斯理死于癌症。伯特坐在他的床前，正如上次事故时一样，跟他说话，握着他的手，直到他与世长辞。他的哥哥奥迪也在同一年辞世了，伯特同时失去了自己的亲兄弟和最好的朋友。

之后，卫斯理的儿子吉米，伯特的侄孙奥迪·肯普，以及年轻的巴黎镇警察戴维·巴布斯，成了他钓鱼和打猎的伙伴。尽管戴维比伯特小得多（伯特经常喊他“孩子”），但他不仅成了伯特的钓鱼和打猎的伙伴，还是他的朋友和知己。当戴维午夜巡逻时，他总是开车经过伯特的家，如果发现厨房的灯还亮着，他就知道“战争正在困扰他”，此时伯特需要一位朋友。战场上那个手拿扩音器、没有武装的德国人常常会困扰伯特。伯特会特意做一顿夜宵，两人一起吃着，然后他会告诉戴维一些他从不会跟别人提及的事。卫斯理去世后，伯特的女儿鲁迪说：“吉米、奥迪和戴维就像是父亲的儿子一般，尽管他自己没有儿子。”

一个战士的安魂曲

伯特之前逃脱过一劫的癌症在 2000 年卷土重来，这次一切都无济于事了。知道自己大限将至，于是伯特做了身后的安排。他让戴维确保自己的女儿们不至于那么悲痛。他告诉家人，希望能在家中死去，不想接受心肺复苏的治疗。他的女儿们在最后几周照顾着他，特雷西亚是一名护士，可以让他的心愿得以实现。在最后的两周里，伯特一直昏迷不醒，双胞胎姐妹陪伴在他的身边。一个星期三的下午，他从医院转到了家中。在接下来的那个星期天的早晨，也就是 2000 年 9 月 23 日，特蕾西亚陪伴在他的身边，这位极具天赋却勉强为之的战士——伯特 · 威尔逊 · 肯普，安详地离开了人世。

也许日落之后，卫斯理正在某个地方等待着他呢。

第四章　福克斯莱行动：英国狙击手和刺杀希特勒

蒂姆·纽瓦克

纳粹德国元首——阿道夫·希特勒，十分清楚地意识到自己无时无刻不在被狙击手监视，当然，也只有狙击手才有暗杀他的机会。1933 年，他曾这样告诉第一任盖世太保首领鲁道夫·迪耶斯：

> 一天，一个看似完全无害的人将在柏林中心的威廉大街建造一座公寓。人们会以为他是一名退休的老教师，一个老老实实的公民，带着一副角质架眼镜，不修边幅。但他绝不允许任何人进入他那简朴的房间，因为房间里藏着一把枪。他一直保持安静，不慌不忙，耐心好得出奇。一天又一天，他的枪口时时刻刻对准着德国总理府阳台。终于有一天，他开枪了。

他对 20 世纪末期狙击手刺杀情形的描述非常具有预见性。1942 年 5 月 3 日，在伯格霍夫别墅一次重要的党会就餐期间，希特勒重申了他对狙击手的恐惧，马丁·鲍尔曼记录下了他的谈话：

> 人群中一些手持配备望远式瞄准具步枪的狂热分子，轻易就

> 能从某个角落或是其他地方朝我开上一枪，所以任何路口或者角落，都要派重兵监视。在夜晚，警察探照灯要时时刻刻照到这些危险的地方，而不是像在汉堡的时候，探照灯只照着我的车。此外尽量避免在狭窄的街道上举行正式活动，那条通往柏林克罗尔歌剧院 5 米宽的道路，是我所知道的最危险的道路。

希特勒对他身边成千的安全官员所做的工作不屑一顾，他认为他们的行动不是阻挡刺客，而是在招来刺客。因此他无视安全官员周密的安排，经常会在出发前的最后一秒改变路线和出行工具，这一切都让安全官员抓狂不已。正如他自己所说的那样，这是他自我保护的最好方式。他说道："保护自我的唯一方法就是无规律的生活——无规律地散步、驾车以及出行，令人出其不意。"

希特勒知道，想要防范一个视死如归的袭击者，他能做的少之又少。到了战争的最后几个月里，希特勒不再躲避他的那些支持者了：

> 基于那些狂热分子和理想主义者的存在，世界上永远不会有绝对的安全。我常常端坐在汽车里，而这个方法也一次又一次地验证了这句谚语的正确："世界是属于勇敢者的。"如果有某个狂热分子想朝我开上一枪或者是扔过来一颗炸弹，我瘫坐着也绝不会比端坐着更安全。

在 20 世纪 30 年代，有过几次刺杀希特勒的行动，大多是对希特勒不满的德国人所为。直到二战爆发前的几个月，一个英国人开始想到以狙击的方式刺杀希特勒。1938 年 3 月，时任英国驻柏林的陆军武官诺尔梅森 - 麦克法兰爵士上校，亲眼目睹了希特勒的获胜军队进入奥地利的场景。看到德国全副武装的军队及装甲车辆，上校的背脊陡生出了一股寒意。他深信有一天，希特勒也会成为英国的威胁。他决定采取行动避免英国再次陷入一场世界大战。

梅森 - 麦克法兰住在柏林的索菲亚大街 1 号，离希特勒视察军队的地方只有 100 米。“一切都是必要的，”他回忆道，“这里是一个很好的狙位，只需再有一把配有望远式瞄准具和消音器的高速步枪。狙位就选在浴室窗户后面 30 英尺（即 10 米）处的楼梯平台，这样子弹可以穿过浴室窗户射出去。”由于梅森 - 麦克法兰是一名外交官，他的房子就在希特勒的纳粹党卫军保护的安全区域内。此外，行军士兵的噪音和呼喊声会掩盖步枪子弹射出的声响。梅森 - 麦克法兰已充分做好了扣动扳机的准备。

“1938 年夏天，他和我讨论了这个计划，”《泰晤士报》的驻德通讯员伊文 · 巴特勒说道，“那天，我坐在他柏林的那栋公寓里，看着窗外——正是那扇窗户，梅森 - 麦克法兰将从那里射出结束希特勒事业的一枪。”他们二人都觉得希特勒的个人安全问题漏洞百出，很容易就能除掉他。仅几周之后，在柏林安哈尔特车站，这位英国记者竟然站在了距离希特勒仅 6 米之遥的地方：

> 我居然没有被搜身。在我看来，盖世太保的安保工作已经瘫痪了。我虽然没有权力可以去到任何地方，但我至少可以做到在口袋里藏几颗米尔斯炸弹。那样一来，我既可以除掉希特勒，又可以干掉他的大部分同党。可是我却没有那样做。当我把这件事告诉了梅森 - 麦克法兰时，他严厉地指责我错失了良机。

梅森 - 麦克法兰将这个黄金计划上报给了伦敦外交部官员，但最终没有得到批准，上级说刺杀希特勒这个计划并不光明磊落。更重要的是，当时英国所采取的是绥靖政策。英国首相内维尔·张伯伦满足了希特勒的所有要求，不惜一切代价避免在欧洲爆发战争。梅森-麦克法兰对此感到很不满。1938年10月，就在两国签订《慕尼黑协定》后，他说道："我把这张签了希特勒和张伯伦名字的协定书看作一张废纸而已。"

1939年11月的"芬洛事件"，大大地挫败了战争早期更多刺杀希特勒的计划。受所谓正在密谋刺杀希特勒的德军官员的请求，两名当时为中立国荷兰工作的英国秘密情报员，前往德国边境的芬洛小镇去与他们会面。不幸的是，这次会面完全是德国安全部门的阴谋。德国安全部门的特工绑架了这两名情报员，并对他们进行严刑拷问。这样一来，德国从他们身上掌握了大量关于欧洲盟军情报网络的信息。最坏的影响在于，此后英国对待任何德国人声称刺杀希特勒的计划，都会非常谨慎。

这种谨慎一直持续到了1944年。当德国军队怨声四起的时候，英国又开始相信从德国探听的消息了。也正是从那时开始，英国开始制订刺杀希特勒的周密计划，代号为"福克斯莱行动"。该行动由特别行动小组（SOE）设计并由准将科林·格宾斯指挥。SOE所采用的主要武器就是狙击手的步枪，而这又取决于英国狙击手训练的水准。

第一次世界大战之后，狙击在英国迅速发展起来。随着英国军队的军官不断死于德国狙击手配备了望远式瞄准具的高速运动步枪的枪下，英国军队开始求助于自己的狩猎专家来实施报复。他们将搜索、观察及跟踪能力结合在一起，重视精准射击和作战技术。其中包括一系列伪装和诱敌技巧的训练，如在战壕边放置纸型仿真头来使敌军分心，身穿由高地吉利服改进而来的带兜帽的薄棉布狙击服。二战参战人员内维尔·阿姆斯特朗中校使这些作战经验又重新流行了起来。

内维尔·阿姆斯特朗于1915至1916年间，在佛兰德斯第二侦察、监视及跟踪军事学校任侦察总监兼加拿大陆军首席讲师。1917至1918年间，他在法国的加拿大侦察、监视及跟踪军事学校担任校长。22年后，内维尔·阿姆斯特朗把他的经验传授给英国军人，他在海斯和比斯利的小型军校担任了高级讲师和狙击教练，随后又担任了皇家海军狙击手学校的校长。其后他开始写作《战术、狙击和情报》一书，到1944年该书共再版了六次。书中，他高度歌颂“英勇的搜寻者、侦察兵和狙击手”，以及1914至1918年间英国远征军中的情报人员。该书的序言由科茨洛勋爵撰写作，序言中反复出现了有关狩猎的类比：“战争中的人们，如果不是在捕捉一种危险的软皮动物，那他们还能捕捉什么呢？”

阿姆斯特朗详细记载了二战中英国军队的狙击情形，但大部分内容都是基于他本人在一战中获得的实战经验。书中甚至还提及了使用仿真头的战术。1916年他在比利时被要求前去帮助一位准将，这位准将的士兵惨遭德国狙击手的狙杀，伤亡惨重。他回忆道：

> 我们对两名军官以及16名士兵进行了特殊训练，之后将他们送上了前线。两周之后，我们收到了准将的来信，信中说士兵们的狙击技术已经得到了检验，战况开始逆转。其中最致命的狙击手正在使用仿真头的策略，就是我们曾经送仿真头给他并对他进行训练的那位狙击手军官。战斗中，仿真头刚露出一点，德军就开始射击了。第一枪没有射中，不过第二枪打中了仿真头的眼睛。透过打穿的洞眼，该狙击手用潜望镜看到了藏匿在树上的德国人，然后一枪击毙了他。

阿姆斯特朗最钟爱的狙击步枪就是一战时采用的P14李-恩菲尔德狙击步枪。该步枪于1914年面世，是P13的改良版，仿自毛瑟式（前端闭锁）拖杆栓式枪机步枪。由于精确度大大提高，原计划由P14李-恩菲尔德狙击步枪来取代李 - 恩菲尔德 MK III 短步枪而成为英国军队的标准步枪，但又考虑到一战刚刚开始，担心突然换用一种新型步枪，士兵们会使用不习惯，所以计划便作罢了。到了 1915 年，随着英国军队的扩张，枪支的需求量也大大增加了，这种态度也随之发生了改变。由于英国的工厂已是应接不暇，生产 P14 狙击步枪的任务就外包给了位于温彻斯特和雷明顿的美国专业枪支生产公司。

设计上的缺陷影响了 P14 李 - 恩菲尔德狙击步枪的广泛使用。有人认为这款枪对步兵日常使用而言未免过长，而且美国生产公司也声称配件很难找寻。结果，原来那款重量上轻 0.5 千克，长度上短 5 厘米的李 - 恩菲尔德短步枪依旧是英国军队使用的主要步枪。但由于 P14 李 - 恩菲尔德狙击步枪的精确度极高，所以它仍是狙击手的首选。80 年后，一位前美国军官兼枪械专家测试了 P14 李 - 恩菲尔德狙击步枪的性能，看看它和后来的步枪相比到底如何。最后他总结说："毋庸置疑，它和现今军队里使用的很多狙击步枪一样出色。与 20 世纪 90 年代英国军队使用的 L42A1 相比，两种枪的弹药数一样，长度和重量也相同。我不敢说 P14 李 - 恩菲尔德狙击步枪的射程能达到 600 码，但在 400 码以内的射程，就是在今天，它也是致命的。"

配上改良版的 1940 年的 P18 望远式瞄准具，P14 李 - 恩菲尔德狙击步枪是英国二战期间最好的狙击步枪。尽管阿姆斯特朗自己也承认这款步枪比李 - 恩菲尔德 Mk III 短步枪"更重，也更难摆弄"，而且弹夹只有 5 发子弹，但是这些都不是一个狙击手担心的主要问题。在招募狙击手时，阿姆斯特朗心中有十分明确的标准。"跟踪者、饲养员、偷猎者、勘探员、猎人、户外活动爱好者、山区和沼泽地农民"，都是他征兵时的首选对象。"要想把部队里的每一名士兵都训练成一名狙击手是不可能的"，他想要招募那些拥有一流观察力和能够看懂地形的人。并且他认为，那些人应该通晓哺乳动物和鸟类的移动特点，以及通过观察它们的行为获知周边是否有人存在。“在阵地战中，我们和动物非常相似，”他说道，“我们每天或多或少以同样的方式做着同样的事情。了解猎杀目标的习惯，对于一次成功的猎杀至关重要。”

轮廓可以泄露重要信息而招致危险。阿姆斯特朗花了大量时间来介绍各种各种的伪装技巧。在二战期间，伪装战术被大量运用，很多官方手册都收录了各式各样的使用伪装的物品，包括为士兵提供保护的建筑、坦克和车辆等，可谓是面面俱到。前超现实主义艺术家罗兰·彭罗斯曾为英国志愿军写过一个指南，他指出伪装的关键不在于颜色选的合适与否，而在于是否选择了恰当的纹理。他还讲解伪装的材质如何分解人或物的轮廓。

为了达到帮助英国志愿军的这一目的，彭罗斯只得选择一些现成可用的材料。后来他选择了廉价且制作快速的狙击服——10 分钟之内就能用粗麻布做出一套来：

> 如果缝合线露在外面的话，就会形成一个锯齿状的边缘。把它们染上迷彩图案极有好处。实际中，上表面——如兜帽、肩膀和背部的后面都要比前面颜色染得深一些。有时一些将背部和腿部分割开来的图案能发挥重大作用，因为当一个人躺在地上的时候，这些部位最容易暴露。

在说到利用城市环境进行狙击时，阿姆斯特朗中校建议最好能进入到房子的高层房间，这样可以保护狙击手远离敌军手榴弹的威胁：

> 他应该占据房间内的这样一个位置：这个位置既受到墙壁的保护，又可以透过清晰的窗户获得从斜方向开火的视线。如果没

有这样好的狙位，狙击手可以借助床、椅子或桌子制造一个；而保护方面则可以利用床垫、枕头等其他家具。

一座破房子的椽子或一排烟囱管帽的后面也是绝佳的狙位。阿姆斯特朗书中还讲述了包括谨慎使用望远式瞄准具，在进攻和防御中运用狙击战术以及在夜间进行侦察、监视和描绘地形。

当然，这并不是二战期间唯一传授狙击技术的书籍。赫斯基思·弗农·赫斯基思-普里查德，作为一名探险家兼大名鼎鼎的猎人，于1916年在加莱海峡的林根成立了第一侦察、监视和狙击军事学校。在法国，汇聚他毕生所有的知识，他创作了《狙击在法国》一书，并于1920年出版。畅销惊悚小说作家约翰·巴肯，后为《泰晤士报》的记者，曾大大激励了赫斯基思-普里查德，包括为他的狙击军校筹集资金。

正是赫斯基思-普里查德开创了使用仿真头诱敌的办法：

使用仿真头的目的不一，最主要的就是诱使敌军开枪，从而暴露敌军的位置。将仿锡克教徒或廓尔喀士兵头颅制造的仿真头，巧妙地放置在前线的各个位置，可以让德国情报人员误以为我们还拥有一支印度军队。我坚信他们非常惧怕这种调遣。

书中，他详细描述了如何使用仿真头来诱使敌人开枪，然后通过被打穿的子弹洞眼来追踪敌军的所在位置。

早期的时候，很多高级军官都对赫斯基思-普里查德建立的这所狙击军事学校不屑一顾。他们看重步枪的集中火力，而不是这种——用他们的话来说——“过度的精准”。“但是这场战争，”赫斯基思-普里查德争辩道，“在很大程度上是专家之间的一场较量，情况和以前已经大不相同了，狙击手们会证明他们非凡的价值。”战争早期，英国狙击手的主要任务就是牵制德国狙击手，打击对方的士气，以及挽救身处战壕的战友们的性命。到了战争的后期，随着英国军队转入了攻势，狙击手们开始被送上前线去攻击敌人，其余士兵则去巩固攻下的地区。“很多狙击手在一天之内就能杀掉 50 名德国士兵，不管是步兵还是侦察兵，他们都要比同级别或同队伍中的战友们更为致命。”

在《狙击在法国》一书中，还有几则关于赫斯基思 - 普里查德的轶事。在说到搜索敌军位置时，他建议使用单筒望远镜，而不是双筒望远镜，并且常常会用到一个关于狩猎的类比，“凡是瞄准过鹿角的人都能体会到这一点。”

赫斯基思 - 普里查德于 1922 年逝世，但是他的建议在接下来的 20 年里仍在激励着狙击手们。其中一位就是克利福德 · 肖尔上校。克利福德 · 肖尔上校在 1944 年的“霸王计划”中担任狙击手教练，并且出版过《与英国狙击手一同攻入德国》一书，该书首版于 1948 年。肖尔曾说过，赫斯基思 - 普里查德是他在二战期间训练狙击手时主要的灵感来源。和阿姆斯特朗一样，相比于那些训练有素的射手们，肖尔偏爱那些具有直觉力的猎人。他说狙击手教练可以举出很多例子，比如，“很多优秀的狙击手在射击一般目标时没有问题，但一到射击‘活物’目标——比如鹿时，问题就出来了。”

总体说来，肖尔对战争中英国狙击手的运用情况感到不满，他认为还可以招募更多的狙击手去执行一些秘密任务：

> 二战中狙击手的运用还远远不够，能深入到敌后孤军作战的狙击手就更少之又少。这种狙击手英勇无比、战术高超、行动秘密、狡诈精明并且相当自信。他们精准的射击对敌军后方部队所

能造成的伤亡和混乱是不可估量的。

肖尔担心，在二战欧洲战场刚结束的数月里，一个孤军作战的德国狙击手能在盟军中造成严重破坏。“在德国树林里，一个德国狙击手熟悉这个国家就像熟悉自己的手背一样，这一点会大大增加他的胜算，”他警告道，“并且他还能够逃脱追捕。”针对这样的敌军，只有和他类似的狙击手才能将他击败。

1944 年，特别行动小组（SOE）考虑刺杀希特勒的办法时，曾考虑过这个类似卧底狙击的方法。

为了能除掉希特勒，SOE 听从了阿姆斯特朗中校的建议，开始集中精力打探他的日常习惯。如此一来，SOE 可以安排狙击手前去潜伏，就好像猎人等待猎杀猎物一样。SOE 打探的主要内容是希特勒在他最爱的伯格霍夫住所的日常作息。这栋别墅位于巴伐利亚阿尔卑斯山脉的贝希特斯加登镇附近的一个山顶上。坐落在上萨尔茨堡山的这栋别墅总能使这位纳粹头目想起他童年时代奥地利的山川景观。他声称这个地方激发了他的想象力，给了他思考的空间。“我所有的伟大决定都是在这里做出的，”希特勒回忆道，“也正是在这里，我策划了 1940 年 5 月的那次进攻以及攻打苏联的计划。”

希特勒酷爱户外运动。成为德国领袖后，他主要的遗憾就是不能再像以前一样穿上一双皮革短靴出外远足。在伯格霍夫别墅的前几年，他还会和一个朋友去森林走走。在那里他经常能碰到一些远足的人们，而那些人对于自己亲眼见到这个声称能拯救德国的人感到非常惊讶。但到了 1933 年，希特勒开始掌权的时候，随着越来越多的人涌入其巴伐利亚的住所，安全问题开始出现隐患。针对此种情形，希特勒买下了整块地，搭建了带刺铁丝网的栅栏，周边地区被划分成了一个个安全区域，由 20000 名纳粹党卫军和士兵把守。在二战期间，伯格霍夫别墅是希特勒的一处官邸，另一处常住的官邸则是德国总理府。

对于福克斯莱行动，特别行动小组（SOE）深入研究了伯格霍夫别墅的地形和气候。上萨尔茨堡山的大部分地区树木多、丘陵多，可以为狙击手提供良好的掩护，同时也使得此地难以防守。伯格霍夫别墅因驻扎了希特勒的精英部队——党卫军护卫行动队而坚固无比。这些党卫军晚上和希特勒同住一层楼，旁边就是党卫军警卫旗队士兵的营房。试图在这些建筑附近了结这位元首的性命，无异于自取灭亡。

倒是在白天的某些时候，希特勒会走出别墅的主楼，一个人待着。此时正是需要肖尔上校所描述的那种“行动秘密、狡诈精明并且相当自信”能孤军作战的狙击手的时刻。

有关希特勒日常习惯的信息，都是特别行动小组（SOE）从德国战俘那儿审问得来的。其中一名战俘是上萨尔茨堡山纳粹党卫军警卫连的一位成员。党卫军警卫连是从党卫军山地军中征集而来，并从属于党卫军警卫旗队。该战俘透露，希特勒起床很晚，很少在早上 10 点前起床。在理发师给他刮完胡子后，他要步行到茶室吃早餐，要不就是去开会。通常希特勒以正常的速度走到茶室需 15 至 20 分钟。特别之处在于他会独自一个人前去。道路的两端各有一名党卫军，还有一个人在这条道路上来回巡逻，但是希特勒很讨厌见到。如果看到有人在巡逻，希特勒就会对他大吼：“如果你这么害怕的话，去保护你自己吧。”

希特勒到达茶室后，会喝点牛奶吃点土司，然后就乘车返回伯格霍夫别墅。可能希特勒感觉伯格霍夫别墅很安全，于是反倒忘记了自己遵循的“不规律的生活避免刺杀”规则。希特勒不愿有人在身边护卫的这段短暂时间是其安全防卫的破绽所在。在福克斯莱行动中，SOE 策划者初步制订了一个行之有效的刺杀计划：两名独自行动的狙击手，将从伯格霍夫别墅带刺铁丝网的栅栏开出一条路，到达距离茶室附近、希特勒行经道路的100至200米处。他们将在上午10点之后到达，以免被这之前的巡逻人员发现。

每名狙击手所要携带的武器如下：毛瑟狙击步枪、望远式瞄准具（藏在口袋里）、爆炸性子弹（装在弹匣内）、钢丝钳（用来剪刺铁丝网的栅栏）、高爆手雷（装在干粮袋内）——可以在保护自身及脱身时派上用场。狙击所选用的步枪为毛瑟Kar 98k步枪，是一战时使用的毛瑟Gew 98步枪的缩短版。毛瑟Kar 98k步枪是二战中德国最为广泛使用的步枪。配上蔡司透镜的这款狙击步枪广受欢迎。

有趣的是，关于这款配备蔡司1.5倍瞄准具的毛瑟Kar 98k步枪的测试表明，该枪的光学性能较差，平衡性也不好，不大像是一名狙击手使用的步枪，而更像是旨在提高一名普通步兵的射击准确率的步枪——“神枪手专用步枪”。

不管性能如何，如特别行动小组（SOE）所言，这把枪关键在于是德国制造，而不是英国。特别行动小组（SOE）无意于造就一名公开射击希特勒而殉难的烈士，但假如行动失败，纳粹头目会把这起刺杀事件归咎到德军自己头上，倒也达到目的了。通过1944年7月被挫败的试图炸死希特勒的刺杀案来看，德国内部也有很多人反对希特勒，这样一来就会极好地掩盖了刺杀行动是英国所为。特别行动小组（SOE）认为执行这项任务的最佳人选是与希特勒不共戴天的奥地利人或巴伐利亚人。除此之外，在建造伯格霍夫别墅安全区域的大量外国工人——以捷克人和波兰人为首，也是可选的对象。

每一名外国特工都会配发一套仿制制服，这些制服是根据对伯格霍夫不同的安全部队所穿的不同制服的详细描述仿制而来。任务执行人员将会受到由英国或驻外的英国教练对其进行狙击和破坏活动的训练，然后经由萨尔茨堡城混进上萨尔茨堡山。在那里，他们将和外国工人取得联系，由外国工人帮助他们混进伯格霍夫或者是穿上德国安全人员的制服，最终穿过森林，到达希特勒住所周围的栅栏处。

如果茶室附近的狙击手未能成功刺杀希特勒，随后就启动备用计划，即躲在树林里的狙击手将在那儿拦截运载希特勒上山的汽车。对于备用计划而言，狙击步枪发挥不了什么作用，而一个反坦克发射器或火箭筒则能轻易炸死希特勒。相比之下，反坦克发射器质量更轻，更易携带，而且威力巨大，足以将希特勒奔驰车上的装甲钢板穿透至120毫米。

此外还有其他设计更为精心的刺杀计划。其中一项就是对伯格霍夫别墅进行空袭。先是轰炸机进行轰炸，随后空降英国空军特别部队（SAS）伞兵去刺杀希特勒。然而这项计划太过引人注目，而且很快就能查到是英国所为。权衡利弊之后，还是由外国人去刺杀希特勒是最好的选择。

除了在伯格霍夫别墅进行刺杀外，福克斯莱行动还曾计划在希特勒的"特别元首号"装甲火车上干掉希特勒。一个曾经在这列火车上工作过的乘务员透露了一些内部消息：希特勒身边至少有20名保镖，包括党卫军护卫行动队精英、党卫军警卫旗队士兵以及盖世太保特工。只要希特勒一下火车，这些人就会立刻将他团团围住，形成了一个难以突破的人体屏障。唯一的破绽就是伯格霍夫附近的克雷斯海姆的铁路专用线，这是一个为希特勒专列设立的常规停靠站。专用线的四周密林环绕，这样一来就可以为手持高速步枪的狙击手提供很好的掩护。当希特勒踏出火车呼吸新鲜空气的那一刻，狙击手可以趁机开枪将其击毙。然而这次任务的主要障碍就在于希特勒的护卫部队就驻扎在克雷斯海姆城堡附近。他们时刻在铁路专用线四周巡逻，这就使得狙击手很难接近希特勒。后来，特别行动队（SOE）考虑到奥地利的铁路安全级别很低，认为不妨直接炸毁铁路，造成火车脱轨来除掉希特勒。相比之下，这个计划的成功概率倒是更大一些。

福克斯莱行动终究没有执行。东线战线上苏联军队的节节胜利使得希特勒无暇顾及其他。1944 年 7 月中旬，希特勒从伯格霍夫别墅飞往了位于东普鲁士拉斯登堡的前线总部——狼窝。伯格霍夫别墅的那些手下希望希特勒能暂离战争，回到伯格霍夫去度个假，但是希特勒再也没能回去。距战争结束的最后几个月里，希特勒大部分时间都待在拉斯登堡。在那里，他险些被自己的部下炸死。几天之后，随着苏军的迫近，希特勒不得不逃到了柏林。由于希特勒再也没能回到伯格霍夫别墅，特别行动小组（SOE）所制订的种种刺杀希特勒的精心计划，此时看来多余了。

福克斯莱行动的发起人通常被认为是 H.B. 考特上校。然而最新的研究表明，这可能是个打印错误。发起人的真正名字是 H.D. 考特上校，即军事工程师哈罗德·达灵顿·考特。考特上校从一战保加利亚战场建立观察哨来搜索敌军射击位置的经历中获取了大量有用的经验。他在那里所学到的观察地形的全面技能（和阿姆斯特朗中校的狙击手册里描述的差不多），能够解释他为何选中狙击手作为刺杀希特勒的最佳人选。

尽管整个福克斯莱行动充满想象力，并且在英国狙击中扮演主要角色，但的确很难不去认同克利福德·肖尔上校的说法——作为狙杀敌军指挥官的重要力量，英国狙击手并没有发挥多大作用。一直到战争结束，都没有一个受过狙击训练的英国狙击手或外国特工被送去做卧底或是去刺杀纳粹头目。这很可能是由于受 1942 年捷克人刺杀德国安全领袖莱因哈德·海德里希后，遭受惨绝人寰的报复一事的影响。到了 1944 年，英国人深信希特勒一伙人等已在自取灭亡的道路上越走越远，此时再去用一颗子弹加速他们的灭亡也并无多大意义。

第五章　一个日本狙击手：短暂而残酷的人生

约翰·唐金

当他朝着一棵高大椰子树的顶端攀爬时，一股强烈的混合臭味——腐败的椰子、散发着恶臭的丛林植被、腐化的尸体以及自己身上的汗臭，在不断地刺激着他的嗅觉。借助一根绳子和滑轮，他的战友正在把他送往高处的藏身处。绳子牢牢地绑在树干之后，他们相互看了一眼，谁都清楚接下来会是个什么结局。战友转身背对中村泷，不再回头看他，拖着脚步向正在沙滩等候的救援驳船走去。

日本帝国陆军下士中村泷很清楚，眼下这棵位于所罗门群岛的瓜达尔卡纳尔岛上的椰子树，很可能是他爬上的最后一棵树。但是，为天皇而死是一种荣耀。自从他成为一名士兵的那一刻起，他的命就是天皇的了。另外，根据他所学习的武士道精神，为天皇而死，精神可嘉。虽然他偶尔也会感到怀疑和害怕，但他还是会尽力完成使命。中村泷不过才22岁，1940年初刚参军那会儿，他才刚刚过完20岁生日。

中村泷非常清楚，一躲进四天前立起的栖木，就只能借助成熟的椰子、椰树树叶、战友口中戏称的“毛发衬衫”以及装着少量椰子壳和椰子叶的迷彩网做掩护，静静地坐在树顶上等候。步枪已经装满了子弹，现在要做的就是等候目标敌人出现。在等待的同时，他不停地大把出着汗。痢疾在不停地折磨他，而且已经成了常态。但是一旦躲进了栖木，他就要拿出日本帝国军队传授他的自律精神，忍受所有的痛苦。

当大气层无法再承受住从周边海域蒸发出来的水分的重量时，大雨就会骤然降临，南太平洋的热带高温就能得以暂时的缓解。相比于炎热，相对湿度更是让营养不良的中村泷不停出汗（近四个月来，他从没吃过一顿饱饭）。汗水从脖子流经肩胛骨，一直到系在腰部的皮带处才止住。中村泷刚上岛时，皮带的松紧还刚刚好，现在却松松垮垮的了。中村泷将一把生锈的配有 2.5 倍望远式瞄准具的有坂成章步枪，用枪带挂在背上，这就好像之前他的战友把他吊到椰子树顶一样。

早在六个月前，源源不断的美国海军陆战队，带着成吨的军备物资就已经在这个岛登陆了。从任何一个合乎常理的角度来看，中村泷应该早就死了。但是凭借着自己不凡的战术，他活了下来。他是第 7 军第 28 团的一名侦察兵，但凡一有行动，他总是冲在最前面。他身上的五处伤口提醒着他，他已经经历了多次战争，并且活了下来。但是这次，当军队用船将剩余的部队从这座千疮百孔的岛屿撤离时，他不再冲在最前线了。相反，他成了留下来的唯一一人。这是项极其危险的任务，但是对中村泷来说，责任至上，他志愿申请了这次行动，并感到无比光荣。中村泷竭尽全力找到了这处地方，他永远也不能忘记那些先他一步牺牲的战友们，他们全都葬身在了这座臭气熏天的小岛上。

最后，当中村泷躲在这棵高大的椰子树上，等待敌军出现的时候，他开始怀疑他的家人是否知道自己安危与否。他的脑海中突然浮现了一个问题：他是如何走到人生中这一步的呢？

基本训练（包括教化）长达 6 个月，在中村泷看来可能还不止。训练包括艰苦的体能训练、跑步、行军以及武术学习。在这之后，所有新兵继续进行大量的拼刺刀操练。武士道要求真正的战士必须学会进攻，而且是带着上级精神和获胜的意志去进攻，最终面对面地击败敌人。新兵们还要进行野外演习。演习注重部队战术、艰难条件下的强行军、紧密队形操练和枪法。此外新兵们也要学习战阵训军事码。从三年级开始，中村泷就被灌输军队的命运就是日本帝国的命运，就是天皇的命运。士兵所做的一切都是为了至高无上的天皇，《天皇诏书》是一切行动的动机：

> 如果你履行自己的职责，和我们一起尽最大努力去保卫我们国家的人民永享和平，那么帝国的力量和尊严将在全世界散发光辉。

日本的国教神道教融合了儒家、禅宗和佛教思想，并且强调尚武精神、自我牺牲、忠诚、正义、合乎礼仪、谦逊、节俭和荣耀，以受辱为耻，并且认为荣耀高于生命，但这些原则并不适用于敌人。这些是中村泷在军营里休息时所要学的课程。

在中村泷看来，军营生活和外面的平民生活也并无多大区别，一致性、绝对服从和拥挤的居住环境也是他之前生活的状况。作为一名新兵，中村泷发现自己处于最底层，比他先来的士兵可以任意惩罚他。中村泷不断地被告知自己只值“一张明信片的价钱”（1 钱 5 厘，不到一美分），还不抵一匹马的价钱，他便早早地顺从了，并且以后也是如此。这种资历制度不止在军队盛行，在其他很多地方也一样。

中村泷很快意识到在军营里，士兵们把自己划分为不同的类别：服役不满三个月的是最低级别；满六个月的又进一步细分为晋升的和未晋升的。当军士不在的时候，一些资格较老的士兵就会充当军士，常常逼迫资历低的士兵清洁他们的装备，伺候他们吃饭，跑腿以及干一些其他下等的活。资历，即服役时长，虽然说不上比军衔重要，也至少和它同等重要。

有一个专门用来形容在军队服役时长的词——Menko（字面的意思是盛食物的木盘），这暗示士兵自入伍以来所消耗的食物。在军队，Menko 开始变得比军衔还要重要。对于普通士兵来说，军营生活就好像是一场忍耐度测试。

军士们经常对下级实行严厉的惩罚，将《天皇诏书》上的禁令抛诸脑后：

> 上级决不能以轻视或傲慢的态度对待下级，除非军事任务要求他们必须要严格苛刻；除此之外，上级应以关爱、充满善意的态度对待下级，这样军心才能团结。

军士们从来都没有遵守过这项守则，一些有虐待狂倾向的军士们更加肆无忌惮。常规的虐待包括因表现不佳甚至是无缘无故就扇新兵的耳光。还有一些极端的惩罚措施，军士们使用竹棒、轻便手杖、军人皮带乃至枪托来打他们。更有甚者，有人使用一种由旧军靴改制的拖鞋，上面仍粘着鞋钉和鞋跟，来扇新兵的脸。事后他们的脸上常常会留下伤口、青肿以及永久的疤痕。

中村泷的训练周期模式简单，随季节更替而变化。新兵于每年 1 月应征入伍，进行包括团队训练、拼刺刀操练和射击练习在内的训练，这一阶段会持续到 5 月份。在 2 月，新兵会有一次长达 5 天的行军外加露营，以训练他们适应寒冷的天气。6 月和 7 月，又会有更多的射击练习、拼刺刀操练以及排和连的团体训练。为训练士兵适应炎热环境，在烈日下每天行军 32 公里成了家常便饭的事。到了 8 月，连和营的训练开始加强，又会额外增加野外演习、靶场练习、游泳以及更多的拼刺刀操练。每天在崎岖地带行军的路程增至 40 公里，士兵们的疲劳达到极限。训练周期的最后一项在 10 月和 11 月进行，士兵们要接受营和团的强化训练，外加重温靶场练习。后期训练的重点就在于秋天那场有几个师共同参加的演习。

出于进攻的心态和以排为单位的基本射击单位（包括枪手、机枪和迫击炮）的组成，相比于远距离射击敌人的个人枪法，日本军队更青睐猛烈的火力。因此对枪手的训练强调集中近距离开火，而不是精准射击。这项训练在 1941 年之前因为弹药充足没什么问题，但是从 1941 年 12 月 7 日之后，由于一些显而易见的原因，训练时可使用的弹药大大减少了。大多数枪法训练的射程都是 285 米，但很快事实摆在面前，由于热带丛林的特殊地形，远射程的枪法训练显得毫无用处；由于弹药的有限，再加上丛林战争终将爆发，训练的重心开始从远距离射击转向了步枪维护。

中村泷的武器是标准的军用步枪，即有坂成章三八式栓式枪机步枪。该枪是由毛瑟步枪改造而来，能发射 6.5 × 50 毫米（口径为 0.256）的子弹，弹仓有 5 发子弹，长约 1.28 米，重达 3.95 公斤，枪筒长为 0.8 米。由于日本步枪安装了刺刀的缘故，这款枪成了最长的步枪。安装上 0.4 米长的三十式刺刀后，这把三八式步枪长达 1.68 米（即 5 英尺 6 英寸），而使用它的普通日本士兵身高只有 1.6 米（即 5 英尺 3 英寸）。

由于中村泷在打靶场的突出表现，很快就被选中去接受侦察兵训练。中村泷又得到了一把能发射 6.5 × 50 毫米子弹的有坂成章九七式栓式枪机步枪。该枪的配置为：固定在接收器左边的 2.5 倍定焦望远式瞄准具，以及旋转枪栓拉柄（给步枪上膛时方便取下望远式瞄准具）。望远式瞄准具具有 10° 的视野。该望远式瞄准具的性能良好，但是由于焦距固定且没有格子线（位于望远式瞄准具的光学器件上的格子线可帮助瞄准目标），这就需要射手手动调整超出固定焦点的目标。这把步枪和望远式瞄准具的总重达 4.45 公斤。在战争的后期，九九式步枪能射出 7.7 × 58 毫米（口径为 0.303）的子弹，在丛林作战中的表现更为突出。九九式步枪配备的望远式瞄准具也不再是定焦模式，而是可调节模式。不过中村泷只是听说，并没有真正见过这款枪。

中村泷和战友被告知，任务的重要性依次如下：

- 杀死或俘获敌军——尤其是敌军军官和狙击手；
- 压制或摧毁可能妨碍日本军队成功完成任务的敌军设施；
- 摧毁敌人的重型武器以及消灭操作人员；
- 有效地消灭射击范围内的所有敌军。

中村泷学会了仅凭裸眼来估计射程。射击教练把物体放在距离为200到600米不等的地方，然后由他来目测距离。他和战友们常常需花上数小时在目标物和原地之间来来回回奔走。为了弄清楚平坦地区200米的瞄准图像和崎岖不平的丛林地带200米的瞄准图像的不同点，他们总要走上英里的路程。精准估计和射击是此次训练的重要组成部分。

在打靶场进行了大量精准射击和距离估测训练后，训练的重心就转到了隐蔽和伪装。由于侦察兵的主要任务就是杀死或捕获敌军士兵，再回来上报部队指挥官，所以将侦察兵安插在自动武器设备和部队的两翼是必然之举。如此一来，他们就能对一场即将来临的战争发出预警信号或是发现敌军防御中的漏洞。当然他们也能履行自己的第二使命——狙击手。

中村泷的狙击手装备是专门定制的，包括：一个防毒面具、一床蚊帐、一个迷彩帽（用于遮盖头和肩膀）、一张迷彩网、一卷绳子、一小袋大米、一小袋硬饼干、250克硬糖果、几罐压缩食品、一小罐咖啡、维生素片、一罐用来净化水的氯片、餐具、芥子气解药、奎宁丸、绷带、袜子、牙刷、手电筒和装在柳条篮子里的各式各样的医疗用品。这些物品是中村泷深入战场后，两周至一个月的生活用品，他只吃最少的食物，喝最少的水。

在教授正确识别和使用土生植物以及如何将这些植物放置在迷彩网时，教练花费了大量的时间和精力。树叶必须搭配着和土生植物放在一起，才能更好地帮助射手融入到周围环境中。中村泷发现，隐蔽在丛林和林冠间的植被中时，特殊的绿色制服和脸部彩绘能强化掩护效果。虽然包括中村泷在内的一些侦察兵并没有受过在树顶隐蔽的相关训练，但他们还是会这么做，因为高大的树木能提供更好的视野。

受益于有坂成章步枪的无烟子弹推进剂和长枪筒很小的枪口火焰，敌军很难判断出一名日本侦察兵的具体位置。在同一个隐蔽处，侦察兵可以射杀多名敌军。相反，盟军一旦开枪后，通过枪口的火焰和推进剂的烟雾，虽说不是全部，但中村泷也能判断出盟军狙击手的位置。正是因为这些小细节，他和同伴才能有效定位并击毙敌军的指挥官和重型武器的操作人员。中村泷十分认真地对待训练，努力学习各种技能。他知道很快就会有一场战斗爆发，只是现在他还不知道在哪里，也不知道具体什么时候。

1942 年初，中村泷的训练项目完成，随后作为一名步兵被分到了第 7 师第 28 团，成为了军队的一员。随后，他跟着军队从关岛出发，受命前去攻占中途岛。作为一名步兵，从之前的训练中他学会了不仅仅要占领此地，还要接近敌人并歼灭敌人。部队的生活无外乎是日复一日的麻木无聊地站岗、海岸巡逻、无休止的空袭训练、海上登陆训练以及密集队形训练。尽管日本高层已经预测了中途岛可能是“大东亚共荣圈”的最东地区，但由于日本帝国海军 6 月份在此附近的惨败，使得第 28 团不得不改变之前的计划。载着军队的船只受命准备退回关岛，然而在途中却再一次地绕道而行了。

运载第 28 团的六艘驱逐舰停泊在了泊位，失望之情笼罩了整支部队。之后他们得知自己被分配到了第 17 陆军司令部，该司令部位于加罗林群岛的特鲁克岛，也就是他们的目的地。据能收到无线电通信的水手们所言，意想不到的事情发生了——日本在所罗门群岛的一个岛上遭遇了反攻。

8 月 7 日，就在日军工程师同当地的劳动者一起完成一条飞机跑道的最后关头，美军登陆了所罗门群岛的瓜达尔卡纳尔岛。在最初的构想中，瓜达尔卡纳尔岛将作为日本飞行员的一个关键位置。敌人登陆时，工程师们和很多招募来的劳动者逃进了机场周围的丛林。早在逃离之前，他们已经被告知美军即将登陆，因此这事引发了高级官员之间的争论。在陆军参谋部的策划者和情报中相互矛盾的信息中，出现了两种截然不同的猜测：

1. 敌军本就在瓜达尔卡纳尔岛上，虽然力量有限，但却是支强大的侦察队。这种评估持这样的态度：这支小部队是故意干扰飞机跑道的建设，但他们并不会和帝国军队正面交锋，事后便会悄悄溜走。

2. 敌军本就在瓜达尔卡纳尔岛上，但至少有一个团的兵力。他们想要占领整个岛屿，借助飞机跑道作为基地，进而攻击附近其他被日本占领的岛屿。

由于讨论发生在高层领导之间，中村泷对此并不知情。最终，认为岛上只有少量敌军的猜测胜出。通过上级指令，命令传达给了第 28 步兵团的指挥官一木清直大佐。在审议完夺回瓜达尔卡纳尔岛的计划后，一木清直信心满满地对上级发誓说，登陆的第二天，他就会夺回机场。

作为一名指挥官，一木清直野心十足且英勇无畏，能在他的手下当兵，士兵们都感到很荣幸。1937 年在卢沟桥，一木清直亲率部队向中国宛平县城发起进攻，拉开了侵华战争的帷幕。随后在“满洲”的一场和苏联的对抗中，进一步树立了他年轻而坚定的军队指挥官形象。自此，一木清直声名大噪。当上级任命团长时，他自然成了首选人物。能成为第 28 团第 2 营第 4 连的一名精英步兵，中村泷深感光荣。自从他成为一名战士的那天起，中村泷满脑子想的都是 8 月 19 日那天的瓜达尔卡纳尔岛登陆。

送达一木清直的相关情报称岛上只有一小股敌军力量。8 月 15 日晚，一木清直率先头部队 3000 人乘 6 艘驱逐舰从特鲁克岛出发，在机场以东约 35 公里处的瓜岛泰纳鲁河口登陆。一木清直认为，如果敌军数量果真很少的话，就无须出动整个团了。快要抵达瓜达尔卡纳尔岛海岸时，一木清直下令 917 名士兵（约为整个团人数的 1/3）先行在海岸秘密登陆。这支支队包括：第 28 步兵团第 2 营、几门火炮以及几名工程师。“一木支队”的使命就是留守滩头，等待剩余人员登陆。整个第 28 团的任务为夺回机场，将敌人驱逐出岛。如果未能成功驱逐或歼灭敌军，一木清直的部队则将留守机场附近，实施夜袭来阻止机场建设。

在“一木支队”登陆的同时，另有海军特别陆战队的 250 名士兵组成的小分队佯攻作为掩护。他们将在飞机场以西约 14 公里的角冠波那登陆，以此来分散敌军的注意力。中村泷知道，这些海军接受的是陆军战术训练，执行的却是和陆军有别的任务。

中村泷认为这场战争将会很快以胜利告终，原因是因为进攻队伍的士兵只得到 250 发子弹以及 7 天的口粮。可以在激烈的战斗中免去背负重达 20 公斤的作战包，为此中村泷感到十分开心。黑暗中，他站在船舷边，只能听到士兵们轻轻拉动枪栓的声音、皮革弹药袋的摩挲声，其中还夹杂着海浪的声音。就算在这个时候，空气依旧湿热。他突然回想起家乡的蒸汽浴——不过就想了那么一小会儿。命令前往登陆站台的通告打断了他的思绪。

当时是1942年8月19日的凌晨1点。中村泷和队友站在登陆站台，等候走进那艘即将把他们载到海岸的小型登陆艇。反复检查装备之后，中村泷最后一次耸了耸肩，以确保步枪是不是牢牢地挂在背带上。中村泷爬过栏杆，顺着绳索而下钻进了这艘在海面上一起一伏的登陆艇。根据之前的训练，等到海浪涌过来的时候，中村泷才走上了登陆艇的船舷上缘和甲板上。当最后一个士兵到达船舷上缘和甲板后，接受战火洗礼的时刻到来了。

登陆艇驶离驱逐舰的时候，中村泷看了一眼船上的士兵。只见他们的面部表情僵硬，其实他自己也怕得发抖，就快到了呕吐和崩溃的边缘。不管怎样，知道其他人和自己的感受一样，让中村泷觉得好受了些。艇长发动引擎，调转了船头，向瓜达尔卡纳尔岛驶去。中村泷借机伸出头来看了看海岸线。他用力地望去，只能看见一片宽阔的海滩和黑暗中椰子树的轮廓。树的那边是一片黑压压的丛林。虽然中村泷是一名训练有素的侦察兵——能看懂地图并能靠一块指南针找到正确的道路，但是眼下缺乏这座岛的精确地图，这些技能便无用武之地了。

登陆艇在靠近海滩处停下了。由于登陆艇突然停下，船头也跟着抬高了。发动机逐渐熄火至安静，只剩下海浪拍打海岸的声音。遵从上级军士的命令，士兵们纷纷起立爬上登陆艇的船舷上缘，接着跳下了柔软而潮湿的海滩。为避免被敌军的侦察兵发觉，“一木支队”迅速地穿过了海滩，并在棕榈和丛林边缘的红树林的掩护下，火速地进行了集合。

起初中村泷和队友们预料，从登陆艇下来时会遭遇抵抗。可现实却是海滩上竟空无一人，他们感到十分吃惊但同时也松了一口气。至此，仍然以为岛上只有少量敌军的一木清直，下令125名士兵留守滩头，自己也一如既往地亲自上阵。中村泷十分开心自己没被分到后方部队，并且期望能以自己的英勇，为日本增添荣耀。然而，“一木支队”还不知道，他们的指挥官所做的进攻计划，是建立在由日本高层错误估计得出的情报基础之上。很快，这一计划将会产生十分严重的后果。

很不幸，岛上的敌军数并不如情报上所说的仅有2000人，而是11000人，并且他们已经知道日军登陆了。美国海军陆战队的监听站早就监听到了驱逐舰航行的声音，立即报告了指挥官，陆战队很快制订出以日军最可能的登陆地点——被当地人称为“鳄鱼溪”的环礁湖为起点的内陆防守计划。他们的猜测的确没错，在防御阵地挖掘战壕成为了当下最要紧的事。

一木清直大佐下令支队在夜晚沿着海岸向西行进。早上6点时，支队已行进了14公里。为避免空中侦察，一木清直下令队伍躲进丛林边缘稍作休息。夜晚行军时，士兵们能听到从图拉吉岛北部方向传来的枪声。但是中村泷并不知道是什么人开的枪，目标又是谁。

早在8月20日，一木清直就下令涉谷上校集结38名士兵向西巡逻，并在“鳄鱼溪”建立一个通信站。实际上，“鳄鱼溪”并不是一条真正的小溪，而是一条“潮汐河”——只在雨季和洪水季节才会存储活水。另外，小溪里的爬行动物也不是短吻鳄，而是大鳄鱼。不过真的在水下碰到一只这样的动物的时候，这二者的区别也就相差无几了。这个宽约为30米的环礁湖，环绕着一个高为3米、宽为10米到15米不等的沙洲。此外，沙洲向岛的这边比向海的那边高出一些。鳄鱼溪就像一条城堡护城河，只是中间没有建筑。

受小分队领导推荐，中村泷以一名侦察兵的身份“志愿”参加了巡逻队。尽管他还没有遇到敌人，但他对自己能作为巡逻队中的排头兵感到很光荣。涉谷上校命令士兵们穿过丛林行军时，要注意躲避空中侦察。走在队伍前方50米处的中村泷，一直保持着高度警惕，不断地用刺刀从茂密的植被中砍出一条路来。穿越丛林的行军非常困难，但中村泷仍在小心谨慎地缓慢前进。有一次他甚至看到了一个从灌木丛中匆匆走过的当地人。自然，当地居民对武装的巡逻队是不会构成任何威胁的。然而，他却没想起来这个当地居民可能会把巡逻队的行踪报告给敌军。

当他们正穿过厚厚的腐烂的植被行进时，突然响起了步枪和自动武器的枪声，巡逻队瞬间就处在了前线。中村泷俯卧在一棵棕榈树后，解下步枪，往枪膛装上子弹，然后在手掌的突起处小心地擦拭枪口。这时，藏在头盔网里的迷彩服起到了很好的隐蔽作用，敌军想要发现他倒也没那么容易。有那么一秒钟，中村泷心想要是有足够的树叶就好了。由于心跳过快，中村泷开始担心起敌军是否能听见他的心跳声，他们可是要杀他的呀！

巡逻队遭遇了大批敌军的袭击。中村泷无法思考，也无法感受；但经过过去两年的训练之后，中村泷的身体就好像是出于本能地移动。一方面，子弹飞过的超音速让他想起了之前在丛林臭气熏天的地上挖地洞的日子。从另一不切实际的方面来说，他很想反击。最终，中村泷鼓起了勇气，瞄准了隐蔽在 60 米外植被中的一个士兵的头。

甚至还没来得及有意识地回想步枪训练内容，中村泷就已经形成了准确的瞄准图像，敌人的头盔显示在前准星的上端，在后准星上刚好位于正中心；他缓缓地吸了一口气，又吐出一部分，接着用他食指的第一根关节，稳稳地扣动了扳机。扳机扣动后，中村泷强烈地感受到了枪内的阻力，接着就是一声从枪口发出的爆裂声。步枪的后坐力立即让中村泷明白发生了什么事。准星里的头盔向后倒去了，也就是他的目标敌军倒下去了。这是中村泷射杀的第一个敌军。

中村泷远远地看到了前线的战火，但是现在火光来自于南方，也就是他们的左翼。巡逻队被侧翼包围了。虽还不确定敌军是从哪里开火的，但是显然巡逻队已经陷入了步枪、机枪和冲锋枪的猛烈火力之中。涉谷队长大声下达命令，但由于战斗的嘈杂声，很少有士兵能听见。有的士兵转而向南方侧翼开火；有的则对准西边的敌人进行开火。巡逻队被包围了的迹象已经很明显了。面对前方、左侧以及右手边的大海都有敌军，撤退回黑暗的丛林中成了逃生的唯一办法。局势逐渐发生了逆转，巡逻队的人自己也感到非常吃惊。中村泷从灌木中开出一条路，朝东南方向逃走了。

最后，巡逻队中只有四个人成功逃脱了敌人的追捕，躲进了丛林灌木之中。中村泷潜伏在大树暴露在外的树根下，把脸埋在棕榈树和红树林下面的泥土中，希望自己能够躲避敌军的搜索。中村泷的汗衫被几发险些击中自己的子弹打得稀巴烂，耳朵也被枪声震得嗡嗡作响。但是他还活着，这才是当下最重要的事。装在皮套里的步枪和望远镜依旧完好，弹药和口粮也都还在。身边还有7天的口粮，中村泷觉得自己一定能撑到团里其他人员登陆并一举歼灭敌军的那天。他自己也还可以去射杀这些杀害自己战友们的屠夫们。然而中村泷不知道的是，团里剩余人员那天是不会登陆了。驱逐舰把这支支队运到目的地后就离开了，留下这支军队在这个叫作瓜达尔卡纳尔岛的不毛之地只能自求多福了。

战争开始时的激烈枪声没有了，只剩下四处几声零星的声响。中村泷往灌木深处爬了爬，脸转向了西边的敌人阵地。他将要使用他在靶场练习的技能，尽可能多地射杀敌军。

在爬了将近200米后，中村泷听到了说话声。重要的是，他们说的不是日语，而是英语。中村泷尽量保持不弄出声音，赤手空拳挖了一个浅洞，然后慢慢地把挂在身后枪带上的步枪移到前面，胳膊则撑在浅洞上。把枪带套到左二头肌处后，中村泷最后一次调整了自己的射击位置。接着他选中了约80米外的一位看似军士或指挥官的敌军。中村泷将枪托抵在肩膀处，又练习了一次扳机扣动。这一次，中村泷丝毫没有眨眼，随着子弹“砰”的一声，只见目标敌军的脖子已经被打开了花。敌军立马倒了下去，就像折纸比赛中的米纸一样——瘫在了那儿。剩余的敌军立马跳下地来，四处张望。中村泷虽然知道这种子弹的推进剂近乎无烟，并且子弹射出时也不会将灌木震趴，但是他十分清楚，他决不能从同一个位置开第二枪，这么做无疑会招致敌军的反击。

就在中村泷旋转枪栓拉柄取出空弹壳时，突然左边的树顶被枪弹击断了。中村泷迅速地把头埋进了泥土里，他意识到敌军听到了他拉动枪栓的声音，但还不清楚枪声具体是从哪儿传来的。这个信息稍后起到了很大的作用。他一边看着敌军一路搜查他所有死去的战友的口袋，一边做下了记号。他们到底在找什么呢？纪念品？情报？巡逻队会携带什么情报呢？中村泷并没有立即就想出答案来。此刻他正躺在散发着恶臭的腐烂的植被中。

数小时之后，敌军终于开始撤离了。最后中村泷觉得安全了，可以移动了。此刻，他全身湿透，饥寒交迫，更糟糕的是他还不清楚敌军的所在。他很想知道他的战友们都怎么样了。他是否要单独作战，抑或他能找到他的战友们吗？再一次地，这些问题还是没有答案。当最后一个敌军离开时，中村泷悄悄地爬到了死去的战友身旁，他想知道敌军到底搜走了什么。尸体旁边散落的一些东西给了很好的提示。这些东西包括钱包、照片、亲人的来信、现金以及手表。他并没有看到军令或地图类的官方文件。结论是什么呢？结论就是他们只拿走了他们需要的东西，然后离开了。看到死去战友尸体上的洞眼，中村泷感到很恶心。他吐了，空空的胃里的酸液不停地让他想起死去的战友们。

一木清直很快就得知了涩谷分队的溃败，并且当下决定支部余下人员马上做出反攻。士兵们拿上武器，向西进发去反击敌人。他们彻夜行军，在凌晨 4 点 30 分的时候抵达了纳里穆布河的西面，此地仅距敌人防线以东 8 公里。8 月 20 日 12 点，一木清直向上级指挥官报告了他的进攻计划：

第一连队将会向西进攻沙洲，第二连队将会进攻海滩，第三连队则进攻岛屿。其意图就在是伦加河和鳄鱼溪之间俘获美国海军特别陆战队，进而夺回机场，并在伦加河东面建立战略要地，以此作为战略屏障。

所有部队各就各位后，随着一个绿色信号弹的发射，战斗在凌晨 2 点时打响了。第二连队的进攻率先被敌军近距离发射的 37 毫米的霰弹击溃。幸存者还在继续往前冲，但很快被敌军阵地前的带刺铁丝网缠住。机关枪再次扫射了日军队伍。尽管火力凶猛，但还是有人冲到了美军的射击位置前。这场赤手空拳的搏斗十分凶残：美军把空枪当长矛或棍棒使，日军则使用刺刀。刀子掏出来了，手枪也拔出来了，双方都在拼死一战。

日本帝国陆军一直坚信他们在训练中不断被灌输的武士道精神：当日军进攻时，敌军就会溃散。在东南亚和中国战场时，情况的确如此。然而在他们和美国海军陆战队的第一次较量中，情况则大不相同。战斗中的敌军像魔鬼一般。不出一小时，那些困在带刺铁丝网中的日军，不是阵亡就是奄奄一息。一木清直下令他的机关枪连队展开进攻，但是一方面，人数过少；另一方面，已经太迟了。日军企图从侧翼包抄美军，但被美军的火炮击溃。

中村泷听到了战斗的声音。出于责任感，他转身向北去和支队会合。他抖掉身上的泥巴，用刺刀把粘在腿上和胳膊上的水蛭刮掉，尽管又累又饿，但他还是坚持继续向前赶路，期望能够赶上部队参加战斗。等到他快要到达时，一阵夹杂着敌军的小型武器、机关枪和火炮的刺耳噪音传入了他的耳中。他不敢想象，此刻他的队伍正在遭遇着什么。

到了 8 月 22 日，美军发动了反攻。一木清直的队伍被逼到了鳄鱼溪河口附近的一处三角地带。背后是海，前面是敌人隆隆驶来的坦克，他们陷入了绝境。一些日军企图游到安全地带，但都被美军精准的枪手击毙了。最终，一木清直大佐以死谢罪。到了下午 4 点 30 分，一木支队已全军覆没。受伤的日军们把手榴弹藏在身下，成为人体炸弹。当美军前来检查死者时，他就会引爆手榴弹，收获他最后的荣耀——为天皇而死。接下来发生的事情，大大震惊了中村泷。

美军迅速地意识到了日军这种“战斗至死”的态度。为确保日军确实死了，冷血的敌军朝着每一具尸体再次开枪了。看着这些被枪射击后弹起的尸体，中村泷内心十分煎熬，同时也十分愤怒。他发誓他们会为此付出代价。中村泷幸存了下来并逃进了丛林。援军什么时候才会到？这段期间他又该干什么呢？他在哪里？其他的幸存者又在哪里呢？如此多的问题，可是都没有答案。在这支支队的 915 人中，777 人战死，12 名伤者（包括一名指挥官）被捕，2 名未受伤的人被捕以及 1 人主动投降，只有 123 人侥幸活了下来。

中村泷找到了棕榈树荫下的一处空地，在那儿他做了一个 360 度全方位的地形调查。

之前的训练告诉中村泷要回到出发地。于是，他采取迂回路线，小心翼翼地朝海岸进发。队伍里其他两三名幸存者也都跟着他准备返回泰纳鲁河口。行军过程中，中村泷只能借助刺刀砍出一条路来，花费了大量的气力，才往前挪动了一小段距离。但是一走出丛林之后，他们就会加快行进的速度。由于饥饿难耐，他们从当地人的菜园里偷了一些菜来充饥。此刻，他们还不知道自己已被上级作为死亡人员从军队花名册里除名了。白天为躲避敌军的空中侦察，他们就躲进丛林里行进。这样一来，隐蔽、喝水、寻找食物、睡觉以及行军成为了他们的日常生活。渐渐地队伍很快就四分五裂了，又累又饿的士兵们生病的生病，受伤的受伤，中村泷只能自己拿主意了。

每天晚上中村泷躺下准备睡觉时，他都能听到大量昆虫的嗡嗡声。这个时刻，中村泷十分想念他之前的蚊帐。开始的时候他还会打一会儿盹，但是很快，他就进入了梦乡。中村泷并不知道，就是这种携带疟疾和登革热病菌的小生物，能使整个军队陷入瘫痪。中村泷每晚入睡之时，就是这些小昆虫的盛宴开始之时。

8 月 23 日早晨，当晨曦照耀在丛林林冠后，一股可怕的孤独感向中村泷袭来，让他有种不寒而栗之感。是因为丛林里又阴冷又难闻的淤泥吗？还是因为他现在成为了敌人手中步枪的目标呢？站在空气潮湿的丛林里，微弱的阳光透过棕榈树叶，当下的情形让中村泷想到了他往日训练的场景。他客观系统地分析了当下的处境：从积极的一面看，他有食物、虽湿透但足够换洗的衣服、充足的弹药、一把步枪，最重要的一点，他还没被敌军发现，因此他可以自由射杀敌人；从消极的一面来看，他很可能陷入了敌军布下的困境，使得他无法和上级取得联系。他接下来要做的事情便相当明显了——他要躲进丛林，等待一木清直大佐的援军到来。在等待期间，他将好好利用步枪，做到物尽其用。

中村泷在丛林行走时，会及时留下路标，这样原路返回时方便找到路。后来他走到了机场附近的一个不规则的山脊。在那里，他能听到来来往往的敌机起飞降落的引擎声。中村泷从腰带掏出网，然后往里面塞入长在山脊上的草。此外他还往头盔网里塞了一些，然后开始往山脊的顶端爬去。他在山顶爬了近 200 米，最终挑了一块长满和他迷彩网里相同草的高地。中村泷静静地躺在那儿，慢慢地把手伸到身后，掏出了装在皮袋里的望远镜。为防止反光，他在望远镜上涂了一些泥巴，然后把它安到了步枪的瞄准具座上。

中村泷透过瞄准具，一遍遍地从左向右仔细观察敌军的防线。机场的四周布满了哨所，并且这些哨所距离机场不足 100 米。但中村泷对哨所并不感兴趣，他想要搜寻那些更大的猎物：一名高级指挥官；或是一名飞行员；至少是一名高级军士。他观察到了一个独自走在机场跑道末端的美国海军。中村泷深吸了一口气，吐出一半，然后他扣动了扳机。可是由于这名士兵弯腰捡东西，中村泷并没有击中他。飞驰而过的超音速子弹立刻让所有的哨兵高度警觉起来。中村泷仍在原地等待他的第二个目标出现。接着，他朝着一名看似指挥官或飞行员的敌军开了第二枪——这一枪一开，意味着他必须要挪去另一个狙位。结果，这次的目标又因为下蹲而没被打中。中村泷慢慢地起身并保持半蹲姿势，朝长势茂盛的草中走去。借助来时留的路标，他很快就回到山上的藏身处。

接下来的七天中，中村泷都是这么过来的。他的食物渐渐吃完了，只能靠吃槟榔、椰子、红蚁和蜗牛来充饥；而喝的水则是取自于山顶的一条小溪。他的衣服已经破烂不堪，身上到处都是昆虫和水蛭叮咬的疤痕和水泡，瘙痒让中村泷几近抓狂。但好在他的步枪还完好，弹药也还有。8 月 29 日晚，从藏身的栖木上，中村泷看到了暗色的船只抵达海岸。原来是第 124 步兵团的约 450 人和一木清直第二梯队的约 300 人在泰纳鲁河口登陆了。到了 30 日晚上，第 28 团的剩余士兵以及物资也都到达了。未来还会有更多的士兵和物资抵达该岛。8 月 31 日晚上，川口将军又带领另外 1200 人登陆了。

川口下令冈明之助大佐带领 1000 人在靠近原海军登陆部队营的马塔尼卡河西面登陆。在途中，美军的战斗机猛烈炮轰运载这支部队的 61 艘驳船，结果导致冈明之助大佐的部队四分五裂，后来各自在敌军防线西面海岸的不同位置登陆。最终集合时只剩下大约 600 人。

到了 9 月 5 日，川口的兵力增加到了 6200 人，而他还一直认为只有区区 2000 名美军守卫机场。他把敌军的数量估算少了 6 倍，实际上有 12000 名美国海军在驻守亨德森机场。

从山坡藏身处爬到泰纳鲁河口，中村泷花了整整一个星期。其间他还碰到了其他几名躲在丛林里的幸存者。川口部队登陆时他们异常兴奋。后来，他们被编入第124步兵团的第3营。之后他们好好吃了一顿，换上了干净整洁的制服，并向上级汇报了有关丛林的一些情况。至少在这几个小时内他们可以放松一下了。川口一边在等待增援部队，一边在计划如何实现最初的进攻计划——夺回机场。

9月8日，第124步兵团第3营在科里河口集合，准备向丛林进发，从美军防线的南边进攻机场。虽然中村泷已经向上级汇报了丛林中的情况，但上级还是低估了进攻的难度，这正是他所担心的。第124步兵团第3营开始进军丛林。由于雨水和汗水的缘故，路面十分湿滑，往机场进军的一路上，士兵们都在艰难跋涉，此外还有蚊子肆虐的叮咬。除了士兵摔进泥坑时嘴里的咕哝声和呻吟声，就只剩下拍打蚊子和诅咒的声音了。而这些，仅仅还只是问题的一部分。

由于缺乏精确地图的指引，第124步兵团第3营很快就迷路了，一直到9月12日凌晨才抵达进攻位置。按原计划，战斗早应该开始了。此时川口不知道，正沿着海岸向西行军的队伍遭遇了劫难：他们在一次敌军的海上袭击中，失去了火炮和无线电设备。他也不知道，截止到9月11日傍晚，冈明之助大佐还没有找到他的队伍。一直到9月12日，他们才向东进发。到了当天晚上10点，才听到枪声。但是他们离得很远，不能前去支援。在连续行军18小时后，他们又累又饿，还要受尽疾病的折磨和昆虫的叮咬。但不管怎样，由于主力部队还未被发现，川口的计划仍在实施中。

当地的侦察兵已经发现了朝美军防线进发的日军，并已将此报告给了美军。针对新一轮即将爆发的战斗，美国海军陆战队调整了他们的防御工事。他们把火炮和迫击炮对准了日军行经的道路——一座长达900米的弯曲山脊，南端有一个高24米的土墩，中间凸起部分还有一个高35米的土墩。这座山脊就好像一只一边长了一条腿状足刺的昆虫。山脊上长满了草，可以很好地掩护进攻部队。为减小意外发生的可能，在战斗准备阶段，美军把放置机关枪的那片矮丛林清理得干干净净。但是即便如此，防御部队力量依旧薄弱，士兵们又累又饿，并且严重睡眠不足。

作为侦察兵，中村泷被派去侦察敌军的防线部署。但由于敌军把山脊周边都清理得干干净净，他并不能走得过近去精确地观测敌军的防御阵地。中村泷这次穿着淡色的迷彩服——包含头盔网和躯干网，爬进了热气腾腾的白茅草中。中村泷从左至右、来来回回地进行侦察，包括敌军的挖掘工作、拉紧的带刺铁丝网以及遍布整个山脊的通讯线路。正当此时，中村泷找到了一个150米外的绝佳目标——一个监工的指挥官。仔细地瞄准目标后，中村泷开始了这个已经十分熟悉的狙击流程：透过瞄准具获取准确的瞄准图像，吸气，吐出一部分并屏住气，缓慢平稳地扣动扳机，最后子弹的爆裂声惊到自己。枪杆猛烈撞到肩膀的那一刻，他看到他的目标向右晃动了两下，接着就倒在了地上。所有的敌军都停下了手里的活，这样一来就没有合适的目标了。这个指挥官到底有没有被打死呢？这个问题便不得而知了。最起码的一点，那名指挥官今天是不能作战了。中村泷匆忙赶回司令部，把自己所看到的报告给了上级。到了进攻的时候了，但是第124步兵团第3营在哪里呢？中村泷被派往伦加河去找寻他们。

川口原本计划将2000人作为进攻的先锋部队。但到了出击时间时，只有第1营到达了。等到第2营和第3营（除了侦察兵中村泷）到达时，已比出击时间晚了两个小时。这3个营，总共2500多名身强体壮的士兵，结果却是一个个都方向感极差，他们在丛林边缘和山脊之间的沼泽低地处突然转向，差点就走过了这座山脊。这些部队四分五裂，好在最后又都集合到了一起。这些情况严重地影响了指挥工作。接下来将是一场日本步兵小组和力量薄弱的美国海军之间的丛林战。

中村泷追上队伍时，恰好碰上了第1营，于是很快两个营就合并到了一起。后来第1营受命前往伦加河的西岸，所以这两个营又分开了。但当时距离日出只有一个小时，对于发动夜袭来说已经太迟了。和第1营分开后，第3营继续行军，直到抵达敌人的防线为止。显然，第3营已经永远地错过了最好的时机。营里两名指挥官被杀，使得整个营失去了领导和方向。有的士兵发现敌军防线的漏洞后，竟鲁莽地借助刺刀冲了进去，但又由于缺乏领导而困惑不知该做什么，于是又小心地撤退了。

据传言，率领部队向东行军的冈明之助大佐最终没能完成任务，结果导致原计划从三面进攻敌军防线，变成了最后一面。9月13日，冈明之助大佐通过无线电请求川口延迟出击时间，好给他的队伍到达从西南方向进攻的位置争取时间。愤怒的川口将军受够了各种的延迟，已经忍无可忍，当即下令出击时间为当天晚上10点。那一天，前来支援步兵团的日本帝国空军往山脊投放的炸弹犹如雨下。然而，这种集中式的轰炸正好给美军传递了这样一个信息：日军正是从此地展开进攻。美军又将防守位置后退了200米，这样一来，日军更是丈二和尚摸不着头脑了。

尽管川口下令晚上10点发动进攻，但是第1营在6点半时，就对伦加河以东的500米处和山脊南部的敌人防线发起了进攻。到了9点的时候，之前还在有效射程之外的敌军火炮，开始向日军发动进攻，并进入到了防线的200米内。不久第1营的指挥官阵亡了。但即便如此，截止到10点半，日军主力部队还是攻打到了山脊。一方面，日军的迫击炮像雨点般地落在阵地上；另一边，美军的手榴弹也从山上滚下到日军聚集的地方。最后，随着一个红色闪光弹冲上天空，总攻的帷幕拉开了。日军手端刺刀，屈膝向前，嘴里大喊“万岁！”，冲进了步枪和机关枪的交织火力中。

第2营的第5连和第7连冲到了山脊的边缘。后来第7连又进一步到达了山脊的东北边。指挥官下令说，虽然第6连的指挥官已经受伤了，但余下的五六十名士兵还要继续前进。最终他们于次日凌晨5点半到达了小型战斗机机场的西边，但在那儿遭遇了敌人的堵截。

川口的保留营（即第 3 营）没有参与作战，如若参与了，倒有可能会取胜。他们在丛林里迷了路，并且群龙无首。到了晚上 7 点半，他们决定听从一名下级军官的领导，冲出丛林。等到他们抵达战线时，战斗已经基本结束了——已经是拂晓时分了。

等到日出的时候，战斗已渐渐停止了，但是双方的小分队还在不断地交火。中村泷抓住这次机会，好好练习了一下作战技术。他每次都在 150 米到 300 米以外射击，并且每开完一枪都会赶紧换地方。他那天的收获还不错，据他自己统计，射杀的人数应该有 12 人。然而，对于日军整场进攻来说，只能用一个词概括——失败。

9 月 14 日，川口下令撤军至马塔尼卡河。在向西行军、穿越崎岖不平的山麓的这些日子里，丛林和饥饿成了部队的主要威胁。那些还能行走的士兵，就靠一路上弄到的槟榔、蜗牛和植被来充饥。幸运的人偶尔还可以找到几条被手榴弹炸死的鱼。伤员由四个人抬着，第五个人负责拿着这四人身上的所有装备。在这五人后面，还跟着另外五人。当第一组体力不支需要休息时，这五个人就会替上。由于担架简陋，有些伤员绽开的伤口处爬满了蛆虫，不久就死去了。随着士兵们不断行进，他们的体力逐渐透支，武器也就丢了一路。起初丢的是重型武器，后来连头盔和步枪也都丢弃了。9 月 19 日下午 2 点，他们终于抵达了角冠波那。

往后的十天中，川口的队伍进行了重新休整并得到了增援。在组织防御的同时，川口还在制订下一步的进攻计划。第 124 团的第 2 营和第 3 营受命前去把守沿岸的制高点。中村泷被任命为这支队伍的侦察兵并在营队前面建立了哨所。现在站在哨所上，他很容易就能侦察到敌军的火炮，但这些并不是川口最初的计划。

9 月 27 日，敌军穿过马塔尼卡河上游东岸抵达了独木桥，并在此与受到西岸迫击炮火力支持的第 12 连发生了交战。与此同时，第 9 连负责进攻河口的沙洲，同美国海军陆战队的一个营展开了激烈的战斗。在下午 1 点 30 分时，进攻重新发起，但很快又被击退了。敌军将陆战队的三艘驳船运到克鲁兹河口西面的一个滩头上，并在那儿登陆。这样一来，敌军赶到了进攻部队的后方。他们在内陆行走了 500 米到达了第一条山脊线。冈明之助大佐下令位于美国海军陆战队登陆地点西面的第 2 连队，去进攻敌人的后方。因为冈明之助大佐认为敌军已经困在滩头附近了，这个时候派遣军队去消灭他们最为合适。

第 2 营继续向西行进，歼灭被困的美国海军陆战队的任务留给了第 8 营。然而，在这场激烈的战斗中，最终敌舰的炮火击败了第 8 连。于是，被困的美国海军陆战队乘坐驳船成功逃走了。

10 月 3 日，第 2 师团师团长丸山真男登陆该岛，接管了岛上所有的军队。随后他开始使用日本帝国海军口中的“蚂蚁运输”——致力于服务岛上军队的船只来增援和补给驻军。在 10 月 1 日到 7 日之间，约 6000 人、51 吨给养、7 门火炮和成吨的弹药被运到了塔萨法隆格。虽然食物仍然匮乏，但至少目前中村泷每天能吃上一顿饭了。

在 10 点的时候，在马塔尼卡河以东 4500 米处，敌军和第 3 营进行了激战，并成功争夺到原先由第 2 营把守的东岸 500 米处的地区。一直到美国海军陆战队开始用 75 毫米榴弹炮发动近距离炮轰时，第 3 连才忍痛将这地块让出去，不过好在他们保住了西岸。在 10 月 7 日和 8 日两天，敌军在马塔尼卡河河口展开了几次佯攻，以掩护他们正在沿河向北行军的部队。敌军不断地进攻，把第 3 连逐步逼向海岸。现在他们陷入了困境。

一场及时的倾盆大雨缓解了这场激烈的战斗。在丛林行军，就算是形势大好的情况下，由于道路难行，士兵携带着装备在泥泞的道路上东倒西歪，不断摔倒，危险性也是极大的，但是这场雨毕竟为在马塔尼卡河战斗的部队争取了时间。大约到了日落的时候，第3连突出包围冲进了沙洲。在进攻时，由于大雨对地面的冲刷，空气清冷且没有任何遮蔽物，用来掩护的烟幕弹所起到的作用也是微乎其微。另外，带刺铁丝网又阻碍了日军的前进，很快战斗变成了一场混乱、残忍以及激烈的肉搏战。最后，第3连中很少有人能冲出这条河。

对于像中村泷这种军衔的士兵来说，白天和黑夜已经没什么区别了。他之前受到的训练十分注重夜袭和突袭。而现在，他的部队正在遭受来自敌人的夜袭和突袭。作为一名侦察兵，中村泷继续履行好自己的职责，同时也在不断地射杀敌人。在上一次战斗中，他估计自己射杀了敌军3名军官、11名中士和15名以上士兵，不过他并不知道精确的数字是多少。此时，日本帝国陆军正在向西撤军。由于缺乏防御阵型的训练，他们顶多只会建立一些防御网。

10月10日，又一名新指挥官——第17军指挥官百武将军抵达。他带来了陆军总部的军令，并于10月15日下达。此时，队伍根本还没从疾病、受伤和饥饿中恢复过来，但军令如山。之前一木清直大佐的军令向来简单明了，而相比之下，这位新指挥官下达的进攻计划则复杂得多。然而不幸的是，对于丛林战，越是复杂的计划，越是容易出错。

该计划旨在从各个方位展开对敌人的进攻，以拉长敌军战线，分散其兵力。计划具体如下：

1. 住吉正少将指挥第17军的火炮和五个步兵营在滩头发动佯攻，以牵制敌军。

2. 第228军的第1联队以及一队工程师将于某天凌晨2点（具体日期未定）抵达库伦角。百武已得到相关情报：美国海军陆战队将会在此附近新建机场。

3. 丸山真男率领仙台第2师团（加上百武的部队和指挥部），穿过奥斯汀山的山麓后，沿着“真男路”前进。接着向北拐弯，朝机场进发。由于没有地图的指引，此次丛林行军将会十分艰难。不过有一点好处就是，不管是当地人还是敌军侦察兵，都不会发现他们的行踪。

4. 那须弓雄上将指挥军队穿越丛林向北直行至伦加河东岸，向机场进军。部队的核心成员是第29步兵团的剩余士兵。

5. 川口清健少将率领的队伍则充当进攻部队的右翼。该队伍包括第230步兵团以及临时代替第130步兵团第3联队的第124步兵团第3联队。

6. 第16团作为后备师团，听命于第2师团师团长丸山将军的指挥。

10月16日，第1支队离开营地，每个士兵都带足了弹药、12天的口粮以及各自的武器装备。行军时，炮兵们将火炮拆卸打包上路。由于他们依靠指南针直线行走，遇到困难地形在所难免。两天后，也就是10月18日，这支队伍的队尾才正式出发。而此时，这支长达3万米的纵队，队首已跨越了伦加河。10月20日这天，丸山错误地估计了队伍末端所处的位置。他认为距离飞机场只有7公里的距离，而实际上却是14公里。

在滩头这边，住吉正少将将队伍进行了分割，派遣冈明之助大佐率领第124步兵团沿着马塔尼卡河西岸向南行进至独木桥。照此看来，他会从马塔尼卡河东岸向北发动进攻，侧面夹击敌军阵营。而住吉正亲率分割后的北部队伍、第4联队以及指挥第1、2联队和一个坦克连的仲龟上校留守滩头。

在另一侧，川口少将根据一些从空中新近拍摄的照片，请求改变进攻时间，但丸山拒绝了这一请求并解除了川口的指挥权，让第 230 步兵团的东海林中佐代替其职务。即便是在东海林认为“这不是武士的方式”而拒绝接替川口一职，但从伦加河的东南方向进攻敌人的计划依旧没有改变。

将异议搁置于一边，丸山下令进攻时间定于 10 月 22 日的下午 6 点。由中村泷等众多侦察兵打头阵，队伍小心翼翼地朝敌军阵营进发。尽管行军过程十分艰难，但所有部队还是在坚持向各自负责驻守的地点前进。实际中，在 10 月 22 日那天，想要从侧翼进攻敌人的冈明之助大佐的部队，由于一路上到处是丛林、深沟和淤泥堆积的小溪，只向前行进了 1 公里。在三个步枪营中，冈明之助大佐已经和两个未能成功向东行军的脱节了，但他表示，队伍将在第二天的下午 3 点展开进攻。

中村泷被派往去侦察敌军的防御工事。他回来报告说有小股敌军外出巡逻。显然，他们是想侦察丸山部队的位置。

抵达库伦角的日子定在了 10 月 23 日。指挥官下令士兵们放弃背包，朝着敌人防御地带继续前进。10 月 22 日派出的侦察兵回来只报告了各个方向的茂密丛林。等到真正穿过丛林，快到出击时间时，士兵们已经精疲力竭，丝毫没有余力去正面进攻敌人。出于这种情况，抵达日期又改到了 10 月 24 日。

行军困难还只仅仅是丛林问题的冰山一角。即便是在最佳环境下，指挥控制分散的部队也是极其困难的。地形、天气和障碍都在干扰军队抵达机场的进程。很多派出的侦察兵再也没能回来，要么在丛林里迷了路，要么被敌军杀害了。而此时，在西边的住吉正还不能将进攻推迟一天的消息传达下去。

行动的不一致，导致了 9 辆坦克依旧按照原计划在敌人阵地前进了 200 米。但由于零星的火炮声，坦克前进的噪声并没有被敌军听到。23 日黄昏时分，4 辆坦克发起了攻势，但遭到了敌军 37 毫米反坦克炮的狙击。

接着剩余的 5 辆坦克发起了第二波攻势，尽管其中有一辆坦克冲破了带刺铁丝网，并进入到了敌人的阵地，但还是很快就被击毁了。9 辆坦克全部报销，另外，41 名坦克乘员中，只有 17 名幸存，其中 10 人未受伤。

美军十分清楚即将来临的战斗将于何地发生。战斗刚一打响，美军就发射了 6000 发炮弹，打得日军措手不及。晚上 9 点，天开始下雨。不到一小时，日军就已经招架不住了。到了 10 月 24 日的凌晨 1 点 15 分，马塔尼卡河已是一片寂静。

从南方进攻亨德森机场的时间定在了 10 月 24 日的晚上 7 点。傍晚 4 点的一场暴雨为日军的前进带来了更大的困难。但是到了晚上 9 点的时候，天空放晴，夜空一片繁星。中村泷和其他 4 名侦察兵外出侦察带刺铁丝网的位置。此项任务只是侦察，于是中村泷并没有带枪。在伸手不见五指的黑夜里，中村泷慢慢向前爬行，一直爬到他能听到山脊洞里的美国陆军的讲话声以及呼噜声。他们前面的 30 米处就是带刺铁丝网了。中村泷侦察到，敌军在每只空食物罐里放置了一枚鹅卵石，然后按一定的间隔挂在铁丝网上，只要一碰到就会发出声响，从而发出警告。侦察完毕，中村泷慢慢爬回白茅中，一直到敌人看不见的地方，才站起身来，赶忙跑回去报告他所侦察到的情况。

10 月 25 日午夜 0 点 30 分，又一场步调不一致的进攻开始了。凌晨 1 点 15 分，第 9 连队开始进攻美军机关枪阵地，但不出五分钟，全部被击毙。凌晨 2 点 15 分，敌军火炮沿着日军进攻路线，尤其是左翼进攻的路线，开始炮轰反击。日军士气低落，他们很快意识到了一个两难境地：待在这儿会死，逃跑则会迷失在丛林里。最后很多人都选择了死而不是逃跑。只有一小股部队进入到了敌人阵线，并前进了 100 至 150 米。但美军很快歼灭了这小股部队，夺回了两把美国机关枪，同时缴获了三把日本南部大正机关枪。在那小块美军防御地带，躺着 37 具日本士兵的尸体。

第二天晚上，日军又发动了一系列垂死挣扎的进攻，自然也是无济于事。日军指挥官渐渐意识到进攻已经失败了。于是，日军开始向西面和西北方面的海岸撤退。尽管士兵们遭受着精疲力竭、营养不良、疾病和未经治疗的伤口的折磨，但他们还是坚持行军。从现存档案中行军日记可看出其艰难：

10 月 27 日，……行军三天后，每天只吃一小勺盐和一点稀饭。

10 月 30 日，……满脑子想的都是食物……我试着去想其他东西，但是我做不到。

在向西行军的过程中，一些在后方部队战斗中迷路的士兵，又重返队伍。他们的情况和行军士兵们的情况相比不相上下，或者是更差。他们饱受水蛭、蚊子、蝎子以及丛林里潮湿之苦，一些人靠吃植被或鱼来尽量补充点营养，所有人都严重的营养不良。

到了 12 月 18 日，一个全新可怕的公式可以预测一个饥饿士兵的生命。根据一名日记作者所记录的，寿命长短如此计算：

能站的人——活 30 天；

能坐的人——活 3 周；

不能坐的人——活 1 周；

躺着小便的人——活 3 天；

不再说话的人——活 2 天；

不再眨眼的人——明天就会死。

日子一天天过去，战斗变得越发缺乏组织性且冒险——已经算不上真正的防御。然而中村泷却是个例外，随着部队越发溃散，中村泷决心加入稻垣少校的队伍。

稻垣在他称为“岐阜”（根据他的家乡本州的一个县命名）地区的一个岛上，建立了最坚固的防御工事。它坐落在两山之间的奥斯汀山山顶上，拥有约45个制作粗糙但十分有效的马蹄形碉堡，开口端对着西面。这些结构固定在地面上，用原木作内衬并用泥土对里里外外进行加固。考虑到椰树木质很容易被炮火击穿，墙壁使用的是两根原木，房顶则用三根。只有来自105毫米榴弹炮的直射，才能摧毁这种结构。

每个碉堡都会配备一至两把日本南部大正机关枪，以及两至三名枪手。碉堡位置的设计可使枪手之间相互照应。在阵地的前方，稻垣还在高大的菩提树和桃花心木上为狙击手和轻型机枪手布置了位置。“阿拉摩”城堡的士兵总数约为500人。此外，想要侦察“岐阜”也是很困难的。在丛林中，射杀范围一般不超过30米；但在“岐阜”，即使是几米内，敌军什么都还没看见，就已经被击毙了。

有几次，稻垣派中村泷去敌后搞破坏。中村泷跟在前进的敌军后面，准确地找出指挥部的所在，透过望远镜有条不紊地瞄准敌军，一枪毙命。中村泷致命的射击技术在敌军中造成了恐慌和混乱，中村泷见状难得地笑了。天黑之后，中村泷再悄悄地返回“岐阜”，和其他两名侦察兵相互讲述“狩猎三人组”的故事。

12月25日，有一个营的敌军进攻“岐阜”，但被击退了。这些美国陆军部队（截止到12月15日，几乎所有的美国海军陆战队士兵都离开了岛屿）的使命就是进攻并占领“岐阜”附近的奥斯汀山（很多小山，不仅仅是一座）。到了次年1月1日，敌军最终攻下了奥斯汀山。也就是那一天，稻垣最后一次给士兵们发放口粮——两块饼干、一块硬糖。

1月16日，在得到上级指令后，撤离该岛的准备工作开始。上级对士兵们撤离的顺序进行了分类：首先是伤员，其次是病号，然后是挨饿的士兵，最后才是健全的士兵。一直到1943年2月1日晚上10点40分，船只才来到埃斯帕恩斯角。24点整，撤离开始。

在次日凌晨1点53分，卡米姆博湾的最后一名士兵上船；凌晨1点58分，埃斯佩兰斯角的最后一名士兵上船。然而，在埃斯佩兰斯角，还剩1270名士兵；在卡米姆博湾，还剩300名士兵。海军上将小柳也在其中的一艘救生船上，他写道：

> （士兵们）身穿脏污不堪且破破烂烂的衣服，体力衰退非常严重。对于撤离，也许他们是开心的，但脸上却面无表情。所有的士兵都患有登革热、疟疾和腹泻，他们总是不停地上厕所，消化器官受损相当严重。可是我们却不能给他们提供别的食物，唯有稀饭。

即便是高深莫测的舰队司令山本五十六，看到来自救生船上的一份医疗报告而感到十分震惊：

> （这些士兵）营养不良十分严重，他们的胡子、指甲和头发全部都停止了生长，且关节肿大。他们的臀部瘦削下去，肛门完全暴露出来。在驱逐舰上，他们一直饱受无休止且无法控制的腹泻之苦。

这些坐上日本海军船舰的人是安全了，但是岛上还有更多的士兵需要救助。余下的士兵组织成了一支防御部队，以保护撤离行动。这些士兵都来自不同的部队，其中几名幸存者就来自中村泷所在的“一木支队”。美军进攻的强度减弱了，这样一来，那些天天高度紧张、等待被救援的士兵们也都松了一口气。

2 月 4 日，就在准备最后一批士兵撤离之际，岛上的高级指挥官松田上校，下令一支由 128 人组成的支队作为后方部队，前往塞吉劳河东岸；令另外一支 70 人的支队驻扎在波内吉河的西岸；剩下的人都转移到马拉沃沃准备撤离。在关于哪些人留下、如何组织后方部队的激烈讨论之后，得出的结论是：下午 3 点时，把那些不能行走的士兵送到波内吉河留守，把能行走的伤员送到塞吉劳河。那些能开枪的士兵则派去尽量拖延敌人，然后在被捕前自行了断。这些士兵每人都服下了两片氯化汞，以保证一定会死，但这种死法会极其痛苦。而其他士兵负责开枪打死那些不能开枪的士兵。

中村泷无法理解这条军令。这些士兵曾躲过了敌人的炮火，身受重伤，在无路可行的丛林中熬过了那些被抬在担架上的日子。现在，他们的伤口爬满了蛆虫，亟需医治，等来的却是一枪毙命，而且是被自己的军士！中村泷无法接受这些。他背过身去，内心满是恶心和痛苦，这种惨剧也即将会发生在自己身上吗？

2 月 4 日晚，第二波救援队到达，3921 名士兵被运往布干维尔岛。现在松田上校开始关心他的后卫部队了——如何解救他们呢？再组织一次海上援救是十分冒险的，但也只有这个方案可行。随着美国海军陆战队逐渐向最后一道防御地带逼近，留在岛上的那些士兵已经能听到火炮轰击马拉沃沃的炮声了。此外还有在塞吉劳河传来的机关枪子弹的爆裂声，更是让指挥官揪心。最终在日落时分，在还有 26 只船可进行海运的情况下，松田重新把部队分为 4 支，每支 500 人。在晚上 9 点半到 10 点 15 分之间，余下士兵开始上船。

但除了那位狙击手。

1943 年 2 月 8 日晚 12 点 30 分，所有的剩余士兵都已经上船了。为了履行松田的承诺——绝不抛弃他们任何一个，救生船一直在海岸边徘徊，大声喊着是否还遗漏了哪位士兵。中村泷听到了叫声，有那么一瞬间他很想答应一声，但是他没有。在其他人离开之前，他的一个朋友把他拉到椰树上躲了起来。这很容易，因为他现在连 40 公斤都不到。深受疟疾和痢疾的折磨，数周以来他都没有吃过一顿饭。但是他很愤怒，他想要为那些死去的朋友们以及被自己的军士所杀的伤员们报仇。他希望自己像个战士一样死去，为他的家庭和天皇增添荣耀。所以他选择留在岛上，以完成这一心愿。

中村泷的思绪回到了现实中，他感受到了长时间坐在那个像凳子的底座上引起的痛感。拉动滑轮的绳子已被紧紧地绑在了树干上。他等待着，耐心而又安静，纹丝不动，全神贯注地执行最后的使命。独自等待的过程相当艰难，在这期间，他必须保持纹丝不动，而且要持续很长一段时间。中村泷的肌肉已经痉挛了，神经末梢也亟需放松一下，但他还是必须要保持一动不动。在他等待的同时，他清楚地感觉到，即便他的大脑告诉自己已是他所能承受的极限了，但他还是全部忍了下来。疲劳反而让他的视觉和听觉变得更为敏锐。他检查了一下弹药储备，现在他只剩最后一发子弹了。

但他会让这颗子弹发挥出价值。

1943 年 2 月 9 日，中村泷已经在树上坐了整整一天，等待敌军的到来。当美国第 161 步兵团第 1 营指挥官到达时，中村泷小心翼翼地瞄准了这位上尉。他尽量对准目标，扣动扳机，射出了最后一发子弹。再一次，透过有坂成章这位老伙计的瞄准具，中村泷看到敌军长官的头爆开了花，喷溅出红灰相间的液体。

虽然中村泷已经没有子弹了，他还是本能地把枪栓往后拉。此刻，他听到敌人的尖叫声并看到他们指向自己藏身的这棵树。

世界似乎都慢了下来，美军射出的0.3口径的子弹向他的头部飞来时，一切都能看得清楚了。子弹进入他头盖骨的那一刻，他几乎能清晰地看见它。他已经感受不到自己从树上坠落了下来。终于，他的短暂而坎坷的人生旅程结束了。

附注：

主人公姓名为虚构。此人物的引入是为了更好地描述二战太平洋战场的一些实况。据日方资料，鲜有狙击手幸存下来。本故事是根据相关文献中的史实而写，尽可能地保证了历史事件的真实性。

第六章　瓦西里·扎伊采夫：一名斯大林格勒海员

马丁·佩格勒

和上代人一样，扎伊采夫和他的同代人仿佛都是为了他们的终极使命——战争而生。1917年十月革命之后，新兴的苏联一头扎入了军队的激进改革之中，一心要把苏联改造成和欧洲邻国实力相当的军事强国。这场姗姗来迟的改革终于到来了。早先的苏联军队装备极其低端、训练严重不足，并且他们的高级指挥官领导无方，认为这些普通的农民士兵不过是一群无知的牲畜。在第一次世界大战期间，德国和奥地利在东部战线上安置了大批狙击手，尽管俄军人数众多，但苦于缺乏狙击手和配备望远式瞄准具的步枪而无力回击，大批倒霉的俄军士兵死在德国和奥地利狙击手的枪下。在东部战线恶战中幸存下来的士兵都成了苏联红军的军官或高级指挥官，自然，他们不会忘记他们在战壕中得到的惨痛经验。

苏联开始着手军队整改——将原先19世纪的封建军队整改成为欧洲最大、最现代化、装备最为精良的一支军队。由于军队的规模之大（1925年，军队数量为56万，但到了1935年，人数增加到130万），整改出现了严重的后勤和资金问题。时任苏联红军总指挥的阿克列赛·勃鲁西洛夫在解决这一棘手问题时，决定保留传统的莫辛-纳甘1980/30步枪（虽算不上精良但也能胜任），但同时也着手生产狙击手专用步枪。

生产的过程相对顺利。从 1926 年开始，苏联红军就能在蔡司 / 凯莱斯和埃米尔·布希镜头的基础上，生产出德国上乘步枪的改良仿制品。这种步枪的瞄准具可以安置到接收器的左边。到了 1932 年，首批新型步枪开始在军队中使用。

这款新型的四倍率 PE 型瞄准具，安装了视差修正手轮和风偏手轮，即使士兵戴着手套也使用方便。在 1932—1938 年间生产的数量超过 54000 个。实际应用证明了该款瞄准具性能优越，配备该瞄准具的步枪使用的是 7.62×54 毫米的标准实心弹和 13.6 克的尖头式船尾型子弹，可在 100 米外簇射 10 发子弹达 3.6 厘米以及在 550 米外簇射达 34 厘米。后来，质量稍重的穿甲弹的使用加强了簇射的威力，有效射程也得以增加到 700 米。到了 1936 年，经过简化，体型更小、质量更轻的瞄准具——PU 瞄准具面世了，成为了二战和冷战期间苏联狙击手的重要装备。

虽然武器装备精良，但是如果没有可以得心应手使用它们的神射手，这些武器也无用武之地。针对此种情况，伏罗希洛夫将军建议开设训练课程，到 1939 年，据说大约 6000 人被授予了“伏罗希洛夫神射手”的称号。有一点需要强调，这些人虽不是接受过训练的狙击手，但却为后来的苏联狙击学校提供了大量的生员。为了获得实践经验，上百名苏联狙击手被雇用加入到了西班牙内战（1936 年 7 月—1939 年 4 月）中。

苏联对自己全新的军事力量自信满满。于是，在 1939 年，苏联红军发动了芬兰的战争，却万万没有料到战争进程会因成百的芬兰狙击手而受阻。大多芬兰狙击手使用的莫辛 - 纳甘步枪，和苏联狙击手使用的类似，但他们极少使用瞄准具，他们的优势在于苏联士兵在极寒环境中几乎已被冻僵，而芬兰狙击手很多都是猎人出身，早已适应了这种恶劣的环境和极度的寒冷（零下 45℃的天气司空见惯），在这种情况下，他们比装备精良的苏联士兵更具有优势。结果，在遭受芬兰人可怕的打击之后，苏军不得不撤退。此后，苏联迅速重新评估狙击手训练和战术的重要性。所以后来德国在 1941 年 6 月入侵苏联后，便遭遇了大量苏联狙击手的打击，而这些狙击手可以说是世界上经验最为丰富、装备最为精良的士兵。

扎伊采夫的早期生活

一个名叫瓦西里 · 扎伊采夫的年轻海军卷入了这场大漩涡中。1915 年 3 月 23 日，扎伊采夫出生于乌拉尔山脉的亚列宁斯科亚的一个农户家庭。在很小的时候他就开始学习如何使用武器，12 岁时接触到了拥有 20 发子弹的猎枪和装满子弹的子弹带。同时，他也记住了父亲具有先见之明的建议：

> 我已经长大了……成为了一名独立的猎人。我的父亲仍清晰地记得在布洛夫手下战斗的日子，他对我说："瓦西里，每颗子弹要物尽其用，学会射击，不要打偏。这对你极有帮助，不仅仅局限在你捕猎四条腿的动物的时候。"

尽管扎伊采夫身材矮小（身高约 1.58 米，家里人昵称他为"半品脱"），但是他的身体强健，且沉默寡言。他的一名指挥官后来回忆说扎伊采夫十分谦逊，"行动缓慢而优雅，性格尤其安静"。其实他的性格很坚强，有一次追捕一匹狼时，扎伊采夫和他的表兄马克西姆在温度低至零下的寒冷野外呆了整整一夜。他沉浸在追踪过程的兴奋之中，几乎将所有可用的时间都花在了森林里的追踪和捕猎上，由于他常用气味刺鼻的獾油来遮盖自己的体味，所以他的姐姐抱怨他"散发着动物的气息"。

我学会像读一本书那样去了解野生动物的踪迹。我追踪到狼和熊的窝，然后搭建隐蔽性极好的藏身处，甚至连爷爷都找不到我。

使用短程猎枪意味着扎伊采夫必须要非常靠近他的猎物。然而，扎伊采夫不可能预见到，他在跟踪、爬行和耐心等待上所花费的大量时间，将会给他带来多么大的益处。

军队生活

1937年，瓦西里作为一名海员在苏联太平洋舰队服役。后来，瓦西里十分自豪地拥有了“海魂衫”——一种蓝白相间的海员衬衫。由于他身材矮小，不适合上前线作战，所以被留下来在符拉迪沃斯托克的海军基地担任一名后勤人员。战争爆发之前，瓦西里一直都在做着一些轻松的工作。然而，越来越多的关于德国暴行的报道激怒了他，同时又受到列宁格勒保卫者事迹的感染，瓦西里几次报名参加前线战斗。最终，在1942年9月，瓦西里终于穿上了第1047步兵团列兵的卡其绿制服，加入到了前线战斗中。和其他海员一样，瓦西里格外珍爱他的“海魂衫”，为避免损坏而把它穿在里面。

至于参加斯大林格勒战役并且赢得名声都是后来的事情。起初，瓦西里在一座破败的城市的郊区，接受一系列的训练。训练内容并非是一般射击，而是近距离作战残酷技能的训练：如何使用冲锋枪、刺刀、匕首、铲子和手榴弹，“现在我们海员也会在战斗中拿起手榴弹，投向敌人的战壕中”。

训练结束后，瓦西里和他的战友们行走在拥挤的道路上，前往伏尔加河。在那里他们被自己的所见深深地震惊了：大批的老人、妇女和儿童穿着又脏又破的衣服，在军队卡车之间穿行；成群的已经几乎不能行走的受伤士兵，包裹着血淋淋的绷带，摇摇晃晃地走在路上。

我们想问他们关于战争的情况，但是答案已经写在他们的脸上了，他们就像僵尸一般地行走着。整座城市就如同是充满烟雾和硫磺的地狱，烧毁的建筑好似红色的煤炭一样炽热，火苗在吞噬着人们和机器。

9 月 22 日晚，他们乘船越过伏尔加河，朝多尔基峡谷地区进发。战前，多尔基峡谷是金属加工的地方。一到达那里，第 1047 步兵团就立刻发起了进攻，而扎伊采夫的军旅生涯还没开始在就差点结束：

突然一个大块头的德国人压在了我的身上并试图用他的枪托打我。幸运的是，枪托只打到了我的头盔而没有砸中我的脸。我溜到他的身后，用胳膊锁住他的喉咙，虽然他一直在那儿挣扎，但最终我还是勒死了他。

在一周的时间里，第 1047 步兵团在金属加工厂经受住了敌军的全面进攻，甚至有一次，扎伊采夫被活埋在了尸横遍野的地堡中。这就是这座城市常见的战争情景，但不是扎伊采夫最适合的战斗。

一次机缘巧合改变了扎伊采夫的作战方式。那一次，他和他的战友在工业区的边缘地带，正穿过燃烧着的燃料库废墟往前爬时，遭到了德军重型机关枪的火力攻击，他们不得不赶紧隐蔽起来。扎伊采夫隐藏在了一个身材比他还要矮小的人旁边，用他的话来说是“一个皮包骨头的小矮子士兵”。扎伊采夫着迷地看着这个身材小巧的士兵，他正用自己的方式前行，直到他到达一堆废弃的鹅卵石的上方，那里可以看到德国的机枪阵地：

> 他把步枪移到他的右肩。步枪上面有一根奇怪的小管子。接下来这个小矮个开始瞄准——砰！他挪了挪身子，几秒钟后他又再次开火，砰——转眼间这两把机关枪都沉默了。

事后扎伊采夫打听这名士兵的底细。当他获知这名士兵是狙击手押扎洛夫中士，已被证实射杀了100多名敌军，扎伊采夫被深深地打动了，他急切地想和这位狙击手谈话，只是苦于因腿部受伤不得不退出前线而失去了机会。

狙击手扎伊采夫

扎伊采夫回到前线后，发现局势稍微平静了些。有一次，他和几个士兵正在一个很深的弹坑里抽烟，突然一把德国的机关枪朝他们开起火来。一名战友侦察到了机关枪的位置大约在600米处，然后把潜望镜递给了扎伊采夫：

> 我很快地看了一眼，然后举起步枪，几乎没有怎么瞄准就开了一枪。枪手倒了下去。紧接着几秒，又有两名枪手迅速补上，我又各用一颗子弹解决了他们。

这是一次使用不带光学瞄准具步枪的快射，这次射击的确很精彩，但在通常情况下都不会被注意到。然而，这位年轻的狙击手并不知道，他这次的射击全都被旅长巴秋克看在眼里，随后他当即下令给扎伊采夫配备一把带瞄准具的步枪。配发给他的是一把带 PE 瞄准具的莫辛 - 纳甘步枪，也正是扎伊采夫整个服役期间最钟爱的步枪。尽管连步枪的维护和使用的说明都没有，扎伊采夫还是立刻前往他新找到的狙位开始作战——他喜欢射杀这些深恶痛绝的纳粹入侵者：

> 我喜欢做一名狙击手，自行挑选我的猎物，即使目标是在600 米开外，每开一枪，我似乎都能听到子弹撞击敌人头盖骨上的声音。有时候纳粹分子会朝着我的方向侦察，似乎在直勾勾地盯着我，却丝毫不知他的生命只剩最后的几秒钟。

扎伊采夫被迫通过反复试验来学习如何调节瞄准具，所幸的是这个过程倒不困难，由于他自小在乡村长大，在这方面不管是在智力上还是操作上都已经十分熟练。远射程射击时，由于侧向风的缘故，精准射击自然难度加大。起初，扎伊采夫还没意识到子弹会发生飘移，后来他开始利用开火后的烟雾来判断风力如何：

> 我将瞄准具范围调至 550 米，观察风是否会令射出的子弹发生偏离。大部分的烟……都是向上飘，说明那天的风力很小，所以我不必采取任何弥补偏差的措施。

在这座依旧在燃烧的城市废墟中，扎伊采夫竭尽全力在战斗，但他几乎都是独自作战，没有任何官方文件指令要在团里成立一个狙击手分队。

然而，在1942年10月21日，这一切都发生了改变。扎伊采夫被叫到一个地堡去会见指挥官亚布洛奇金——高级人民委员。“你有新任务了，”他简略地说道，“从现在开始，你的首要任务是消灭德国流动机枪手。”扎伊采夫抗议说这项任务他独自一人根本不可能完成。“我知道，”这位人民委员答道，“这就是我给你布置这项任务的原因……我想让你从这间屋子里挑出几个神射手，然后由你来训练他们。”

之前他得知要从一屋子负伤和疲惫不堪的士兵中挑选人员成立第一所狙击学校的消息，扎伊采夫现在明白了。“怎么成立呢，”他感到很困惑，“难道想让我从这一群残兵中挑选人员来组建狙击手队伍？”尽管扎伊采夫很困惑，他还是挑选了一位名叫米哈伊尔的患有脑震荡的年轻工程师。米哈伊尔曾经在战争中拒绝撤退，勇气可嘉。扎伊采夫给了他一把狙击步枪，并对他进行了5分钟的用法说明。在一次行动中，米哈伊尔先后射杀了两名德军，敌军被激怒了，开始用机关枪对他们进行扫射。他们迅速地从藏身处撤下来，扎伊采夫反省了自己的第一次教学尝试。

> 狙击手学校就这么成立了。我名为教授，实则是这所学校的第一个学生。到目前为止，我只学会了从自己的错误中吸取教训。

扎伊采夫习惯根据第一印象来挑选狙击手，事实证明他的直觉很少出错。后来他自我评价说：“总的来说，在挑选狙击手这方面，上天很眷顾我。”很快他就招募了尼古拉·库利科夫（一个知识分子……为人谨言慎行）、亚历克斯·格里亚泽夫（一个身材高大的人……轻易就能举起一个重达几百磅的大型车床，甚至连一滴汗都不流），以及萨沙·列乌托夫，同样是个身材高大的人，精于使用杰格佳廖夫反坦克步枪进行狙击，一整天携带20公斤的武器也不会疲劳。后来他又挑选了步枪兵莫洛佐夫、阿布扎洛夫、塞伊金、梅德韦杰夫和基洛夫，所成立的狙击手小组就是著名的“扎伊采夫小野兔”。

在持续战斗中抽出时间来训练狙击手几乎是不可能的。其他国家军队的狙击手因长期作战都会免除执行常规任务，而苏联狙击手不同，他们照样要履行常规战斗巡逻和警卫任务，以至于很多狙击手在战火下都能睡着。就算是平常不知疲倦的瓦西里也达到了体能极限。在一次被叫去向科托夫中尉做报告时，瓦西里回忆起当时的情景：

> 我的腿已快支撑不住，人开始左右摇晃起来。当副官通知科托夫我到了的时候，营长面露怒色，上下打量我，看我到底是有多累，然后厉声说道：“把他带出去，让他去睡一会儿。”

斯大林格勒的狙击

面对海因克尔和斯图卡俯冲轰炸机不间断的空袭，以及双方火炮的不停歇轰击，在这燃烧的废墟上作战需要有近乎超常的品质。笼罩在废墟之上的浓烟遮蔽了阳光，刺鼻的气味使得战士们呼吸困难，并不断咳嗽。大多数的战斗都是在地下隧道和下水道进行的，白天和黑夜在持续的暗光中已经分不清楚了。战斗变得越发残忍，德国人开始使用火焰喷射器杀害受伤的苏联士兵，而苏联人则割开德国人的喉咙，或将手榴弹扔进红十字会地堡中，或用冲锋枪扫射德国幸存者进行报复。对于双方的狙击手，双方都是又恨又怕，一旦抓到必定是死路一条，而且死法都是仿照中世纪时期最残忍的酷刑。

很多狙击手都随身携带手枪，用于被包围时的最后一搏。据说，在莫斯科保卫战中，两位女狙击手——娜塔丽娅·考夫肖娃和玛利亚·波丽瓦诺娃，一直坚持到射完最后一颗子弹，两人深情拥抱之后，接着引爆了手榴弹。后来两人都被追授苏联英雄奖章。

在碎石和隧道中，作为一名狙击手，在这种环境下作战是极为困难的，原因在于狙击步枪毕竟是一种远距离作战武器，而现实中大部分的战斗都属于近距离作战。在碎石之间，狙击手带着步枪秘密前进是非常艰难的，扎伊采夫写道："作为一名狙击手，爬行是很困难的。背上的步枪会动来动去，然后你就不得不停下来调整步枪位置。"杆栓式枪机也逐渐开始用于战斗之中，但在狭小的空间里并不大适用。大多数士兵也使用PPSh41 冲锋（即波波沙冲锋枪），射速 900 发 / 分，性能优良，以及广泛使用的 RGD-33 木柄手榴弹，可直接装在口袋中。另外，德国的 MP40 冲锋枪（常被称为施迈瑟冲锋枪）也很受欢迎，但是由于还要携带弹药、手榴弹和食物，如果再加上这把枪，负重过多显然不利于士兵作战时技能的发挥。

双方都开始使用爆炸性子弹——这显然违反了战争规则，但在"斯大林格勒行为守则"中是可行的。苏联狙击手喜欢靠近德国防线作战，他们通常在夜间潜伏到隐蔽处，挑选有良好视线和射界的地点，如酒窖和废弃的建筑等等。持续的炮轰虽然摧毁了这座城市，却也同时把这座城市变成了防守者的天堂。这些被子弹和炮火打得千疮百孔的建筑为狙击手提供了极好的隐蔽，他们只须躲在屋子的阴影处即可。敌军想要侦察到躲在这些建筑里的狙击手也是不大可能的，除非是铁了心要除掉他。

我们沿着碎石前进，机枪手躲在窗台上开枪，另一些士兵则躲到墙上的大缺口处扔手榴弹。他们扔炸弹，我们则朝上方的楼

> 梯和房间开火，继续前进。手榴弹的爆炸声震耳欲聋。最终我们冲进了楼上的房间。我们发现了一个倒在血泊中的狙击手，手里却还牢牢地抓着他的狙击枪。那里有食物和水，以及臭烘烘的排泄物。这些迹象表明他待在那儿已经有几天了。他击毙了我们一个又一个战友，而且他从没想过逃走。

“小野兔”狙击小组在马马耶夫岗附近占领的区域的行动引起了德国人的注意。在这个危险地带，只要一个德国士兵稍不留神暴露，就会招致苏联狙击手的射杀。到11月时，扎伊采夫经确认的杀敌数已超过100，自然他的狙击小组的杀敌数已远远超过了这个数字。德国士兵在狙击时的通常做法是躲在自家防线内进行射击，但是想要消灭“小野兔”狙击小组，他们必须要更加狡猾。很快，他们开始格外注意这个狙击小组的一举一动。在争夺弹痕累累的山坡战壕时，苏联人借助狙击步枪、手榴弹和冲锋枪的联合火力，用了数天的时间击退了德国人的反攻。扎伊采夫说，有时候敌人近到不须瞄准就可以直接进行射击。但是十天之后，他们严重供给不足，尤其是缺水。士兵们耗尽了最后一点力气，粗心大意开始乘虚而入。

> 一直到德国佬举起机关枪开火那一刻，我还没能够把步枪抵到肩上。但是这个敌军新手没有任何隐蔽。我瞄准了他，一枪打出后，机关枪安静了。接着我意识到敌军正在监视我，我必须要换一个藏身处了，我把头盔留在那儿作为诱饵……我在战壕中急匆匆地跑着去找寻另一个狙位。接着我开始思考，德国佬怎么会……如此大意到让我们侦察到他们，突然我明白了过来：“伙计，那是个圈套……”

但为时已晚。萨沙·列乌托夫被一颗爆炸性子弹击中，胸口炸开了一个大大的口子。扎伊采夫和其他士兵埋葬了他，发誓会更加小心——并会替他报仇。他们躲进藏身处，连续数小时不间断观察着德军的防线，他们的眼又红又痛，此外还要保持纹丝不动，就是为了侦察到可以泄露隐蔽中的德国狙击手的一些迹象。通过潜望镜，扎伊采夫无所事事地数了一堆德国弹壳后，突然恍然大悟：

> 我们忽视了一点。通过一只弹壳……我们可以看到很远的距离。我把身子抬高了一点。忽然我听到了好似打火石擦出火花的声响——一颗燃烧性子弹击毁了我身后的掩护。

他们被大大地震惊到了，但是决心却没动摇。随后，他和库利科夫小睡了一会儿，接着在黎明之前爬到了隐蔽处。他们伪装良好，最终在新狙位侦察到了空弹壳。

> 尼古拉向后退了几步，用一根树枝撑起了一顶头盔，放置在路堤上方几英尺处。德国士兵开了一枪，接着头盔就炸开了花。我很惊讶他居然上当了。

扎伊采夫耐心地看着这个德国人俯身去捡他发射过的弹壳——这是狙击手为不留下任何可能暴露自己行踪的标准行为。这个德国士兵的动作幅度很小，接着微微抬起了头，而这正是扎伊采夫所需要的——有那么几秒可以清楚地看到目标。

> 敌军露出了一点点头，我可以进行瞄准了。就在那一刻，我

扣动了扳机。子弹打在了他的发际线处，接着头盔耷拉到了他眉际，步枪也静静地躺在那儿，而空弹壳还在枪筒内。

反狙击

苏联狙击手开始意识到他们不再占上风了，因为德国人已经开始派遣一些经验极为丰富的狙击手参与作战。正如扎伊采夫所写的：“日复一日，他们变得越来越谨慎，也越来越狡猾。”但是苏联人还是在顽强地防守着这座小山。他们攻击的主要目标是敌军的机枪手和炮兵观察员，但并不是每一枪都能打中目标。一次，一位德国机枪手开火后，扎伊采夫和库利科夫将瞄准具调为 300 米并且同时开枪，令他们吃惊的是，敌军的枪声并未停止。

尼古拉和我安静地坐着。我们两个都因没有打中而感到羞愧。也许是紧张影响了我们的视力，又或是我们的瞄准具出了问题，当然也可能是我们呼吸不稳的缘故。我突然想起一次在山上狙击的经历。在这种情况下，判断距离总是很困难——必须在估计距离的基础上，至少额外再增加 10% 的距离。山沟里纳粹的机关枪又再次开火了。“听着，”我说，“我把距离调为 350 米，你调为 400 米。”我们再次瞄准，然后同时开枪。结果我预估的距离还是近了，尼古拉射杀了这个机枪手。

到战场近一个月后，也就是秋末时，扎伊采夫和他的手下终于从那座充满恐怖气息的小山撤退了。另一边，纳粹狙击手的数量与日俱增，为此而丧命的苏联士兵也越来越多。扎伊采夫他们的新任务就是流动射杀这些纳粹狙击手。反狙击行动变得越发重要，也越发危险，偶尔也会变成闹剧。在一个指挥所附近地带，一天之内就有3个人丧命，其中包括扎伊采夫的指挥官阿尔希普·苏哈列夫中尉。扎伊采夫因无法找到这个常胜狙击手而备感沮丧，开始用扩音器咒骂德国人，紧接着连续两颗子弹从他的耳边飞过。扎伊采夫发现这个德国狙击手就躲在火车车厢的轮子下面，但是打不到他。于是，他下令狙击新手戈罗扎伊夫，利用潜望镜的反光效果来蒙蔽敌军的视线。扎伊采夫暗暗祈祷这个策略能够奏效，他趁机赶紧跑到另一个有利位置，放置了一个粗糙的假人。德国狙击手确认自己射杀了一名苏军后，接着就犯了一个大忌：把狙击步枪挂在肩上，直接站了起来。这一边，戈罗扎伊夫小心翼翼地瞄准了他：

> 就在那一刻，我猜想这个纳粹分子一定是注意到了戈罗扎伊夫潜望镜反射出来的光。他的面部表情瞬间由沾沾自喜变为了惊恐，他立马举起了步枪对准了我们，但戈罗扎伊夫的子弹已经射出去了，纳粹分子倒在了地上。

至此，身经百战的扎伊采夫已有了几种对付敌军狙击手的方法。他的方法是利用逼真的假人以及在假人旁边搭建一个伪装良好的据点。当狙击手朝假人开枪后——自然是收效甚微，通常他还会再开一枪，这就给扎伊采夫快射争取了几秒钟时间。有时他会假装成一个新手，“我会让敌军放松警惕，或者只是单纯和他们玩玩。”到后来德国人不再理会这些假人时，他就会去代替假人，“我把假人踢到一边，用十字线对准敌军狙击手的头。”

传奇诞生

由于正规的狙击训练需要耗费大量人力，像戈罗扎伊夫那样的狙击新手，很少会有机会能接受到。大部分的“小野兔”都是以一到两人为单位，与一名经验丰富的狙击老手共同作战来学习狙击技巧。通常士兵们的生命都很短——在前线，步兵的平均存活时长约为二十四小时，狙击手则不到一星期，一般超过这个期限的士兵都会有所成就。有一个名叫西多罗夫的狙击手，因认为个人狙击成绩比保护战友的生命更重要而被移出了狙击小组。但这种情况很少，一般来说，狙击手是狙击小组的一员的决心绝不会动摇。

到了 1942 年初冬，扎伊采夫已成了前线的一个传奇。哪里有紧迫的任务，哪里就有他和狙击小组成员的身影。尽管有时扎伊采夫被描述成一个文盲，但是和其他狙击手一样，他很聪明，也善于思考。扎伊采夫平常话语不多，但若他真的开口了，确实值得一听。

扎伊采夫一条不经意的评论，刚好为急于寻找英雄形象的苏联出版社所用并刊登出来。他说：“除了伏尔加河，我们没有任何退路。”随后，这句话成了斯大林格勒保卫战中的战斗口号。

狙击手在保卫马马耶夫岗时所做的努力引起了高层的注意。一天下午，扎伊采夫被叫去面见一个上尉。上尉询问了有关他的工作情况，但扎伊采夫认为这是对他所做贡献的质疑，他十分气愤，开始了长篇大论地反驳。上尉打断了他的话：“瓦西里，你没有明白我的意思……我不是在对你的功绩吹毛求疵。实际上这一个月以来，我一直在写关于你的战绩的报告。”

突然我震惊了，这位格里戈里耶夫上尉是一名记者。我告诉了他狙击手们的荣誉、战友们的事迹，以及我观察狙击战术时的心得。事后，所有这些话题成为了最高统帅部（总参谋部）下的一个部门的讨论议题。格里戈里耶夫记下我所有零散的谈话，并以一篇文章的形式交给了高级指挥官。

此刻扎伊采夫还不知道，他很快就会成为一个传奇人物。

战术改变

扎伊采夫先暂时放下之前和上尉的谈话内容，赶紧回到了他的手下身边。当时，苏联的炮兵观察员正不断地命丧于日益增多的德国狙击手的枪下，他的手下正在搜索并试图消灭这些德国狙击手，这的确是一个问题。狙击手通过计算在潜望镜里看到的敌军射出子弹的弹道，得出原来纳粹狙击手是躲在一根大烟囱内，他们静静地等候机会。在长达四个月的战斗后，这个狙击手小分队越来越重视战术的应用。他们不再是只要侦察到一个德国士兵，不管敌军是什么职务就开枪而暴露自己，部分原因是因为他们的战场地形导致的。他们现在的目标是敌军中的重要人物，而且在保证能够击毙的情况下才会开枪。现在前线有太多敌军狙击手了，平白无故就冒着暴露自己位置的危险实为不值，“我们的主要目标是敌军狙击手和最为危险的机枪阵地。”

有一次，扎伊采夫和战友抵制住了巨大的诱惑，没有朝敌军的一名指挥官开枪。他们等了又等，其间又放过了另一位德国人。其他狙击手开始躁动了，但是扎伊采夫态度依旧坚定，所以他们只好再等，突然：

一个体格魁梧且文雅的纳粹军官出现在角落里……他的夹克衫上有一枚上校的徽章，身后跟着一名狙击手，狙击手手持一把带有一个大型瞄准具的精良步枪；又有两名军官出现了……其中一个是少校，戴着橡树叶骑士十字架，跟着的又是一名上校。尼古拉和我相视一笑，这正是我们一直梦想着的……我们一直在等待捕捉鲨鱼。为了这样的时刻，错过小鱼是狙击手必须要付出的代价。我向尼古拉点了点头，然后他又向其他人做了暗示。一时间枪声大作……四个纳粹分子全部爆头，倒在了地上。

德国人对此勃然大怒。他们不仅发动了可怕的炮轰，还朝这个倒霉的狙击小组发动了空袭。幸运的是，虽然身上擦伤无数，耳朵也都暂时性地失聪，但他们还是成功逃脱了。他们刚一回到防线内，德军人就跟着朝防线发动了进攻。这些经常在近距离射程下作战的狙击手们，在前线进行了殊死搏斗，其中三位严重负伤，但德军的进攻最终还是被击退了。

至此，扎伊采夫一伙人已是精疲力竭，幸存的狙击手们前往指挥地堡去向指挥官报告战况。上校一看到他们的模样，便失声大笑。所有的狙击手都好像稻草人一般：穿着破烂不堪的制服，头戴稀奇古怪的帽子，身穿苏联或德国的厚大衣和什锦绷带，几天未刮胡子。扎伊采夫受命带领他的手下去政委所在地堡去领取新制服。当他走进去的时候，一位指挥官若有所思地看了他一眼，说道："我一直在等你这个稻草人呢，快进来吧。"扎伊采夫喜出望外，因为他得到了一套原属于旅政委布科夫的精美制服。

扎伊采夫和战友重新穿戴完毕后，就被领到了指挥地堡。身穿新制服的狙击手们光彩照人，除了身上的伤口上涂满了膏药。出乎他们意料的是，第 62 军的指挥官崔可夫陆军中将走了进来。他明确表示，把具有如此高超作战技能的狙击手当成步兵的日子结束了：

> 你们的战斗非常出色。我也知道你们还有三个战友正受伤躺在床上……但是这种情况的发生只出于一个简单的原因：你们忘记了自己的任务，你们已经变成了冲锋枪手，变成了一名普通的步兵。我就不耽误你们过多的时间了……记住：你们必须谨慎挑选目标。我们所犯的每一个错误都是要用鲜血来偿付的。要试着从更宽广的视角来看待战斗，那么你们会更加清楚自己到底应该怎么做。祝你们成功。

说完他就离开了，一言不发的狙击们也都陆续离开了。除了扎伊采夫，他坐在那儿沉思着："斯大林格勒防御战教会了我很多，我已经成熟了，也变得更强大了。我知道自己已经不再是一个月前的那个我了。"

游戏仍在继续进行，只是规则在迅速地改变着。

巅峰决斗

和崔可夫的会面招致了忌妒心极强的指挥官的不悦。随后，他解除了扎伊采夫狙击小组队长一职，并把扎伊采夫派回了马马耶夫岗，这相当于给他判了死刑。到达之后，扎伊采夫和另一位名叫秋林的狙击手，下定决心要夺回马马耶夫岗，但是计划却被德军的一次突袭给摧毁了。扎伊采夫和秋林将新任务置于一边，使用缴获来的武器在敌后发动了一场激烈的反击，结果敌军陷入了混乱撤退之中。

到目前为止，扎伊采夫已连续战斗了四个月，他无时无刻不在深受战斗疲劳之苦：

> 我已经疲惫不堪，可以说是累到了骨子里，而疲劳是狙击手最大的敌人。同时我也在计算着自己的运气、自己活下去的概率。自从我抵达斯大林格勒之后，平均每天我都会射杀四到五名德国人。一天天过去，我却从没被击中，我一直坚信这就像打牌的运气一样，而我深知好运不会一直持续下去。

扎伊采夫也意识到，德国人会密切关注所有关于他的新闻报道。这一点的确得到了证实。在审问一名战俘时，他透露德军已将柏林狙击兵学校校长科宁斯上校调来前线，专门对付扎伊采夫。扎伊采夫的第一反应自然是因自己的狙击小组所取得的成绩才招致这样的后果而感到自豪。但是他也承认，在他的狙击生涯上，他第一次感到了困难。虽然扎伊采夫表面自信满满，但他知道，如果传言属实，那么他即将面对的将是他狙击生涯里最为强劲的对手。扎伊采夫的优势在于他可以看出狙击手的特征："我能够从狙击新手中挑出稍微更有经验的人，从坚定的人中挑出懦夫。"

通常，扎伊采夫确定一个狙击手的位置分两步。首先，他会咨询其他狙击手在哪里以及如何进行狙击行动，并通过子弹弹道计算出狙击手可能的位置；接着他会用潜望镜搜索敌人阵地，之所以选择潜望镜是因为扎伊采夫认为其性能比瞄准具或是双筒望远镜优越，且不容易被敌人发现。扎伊采夫还能敏锐地觉察到前线战事的变化。"经验告诉我，原先那些战事频繁的地带，后来却变得死一般的沉寂，那么那里很可能躲藏着一个狡猾的狙击手。"他自己也承认，的确很难去甄别这个新来的狙击手。

毫无疑问，此次苏联士兵遇到了极为强劲的对手。仅在一天之内，他就击碎了莫罗佐夫狙击步枪上的瞄准具，击伤了另一名狙击手沙依金，而莫罗佐夫和沙依金两人都是经验丰富的狙击手。扎伊采夫和库利科夫占据了这二人的位置，耐心地监视着敌人阵地发生的一切。后来，在他们对面一只头盔举起来了——显然这是个诡计，想要引扎伊采夫他们暴露位置，但他们并没有上当。他们继续坐在那儿，静静地等候。一天早晨，政治指导员达尼洛夫来到隐蔽部观战。他确信自己发现了科宁斯，兴奋地起身结果招致了一颗子弹擦过他的头皮。这正是扎伊采夫所需要的证据，“只有一个顶级狙击手才能打出这样快速且精准的一枪。我用瞄准具一小时又一小时地搜索，但就是找不到他。”

无论如何都要把这个狙击手引出来。为此，扎依采夫把一只手套套在木板上举过顶。结果手套被击穿了，不偏不倚。扎伊采夫判断子弹是从正前方堆放着一堆钢板和砖头的地方射过来的。原来他一直都躲在那里，但是扎依采夫却一直忽视了这一点。扎伊采夫和库利科夫商讨着如何射杀他。是时候采取行动了，库利科夫小心翼翼地把头盔稍稍向上举起，只有一个有经验的观察员才能做好这一点。随着一声枪响，库利科夫大叫一声，随即倒地。科宁斯肯定自己已经找到目标后，那人从一块钢板后面慢慢探出了头。虽就那么一瞥，但对于扎伊采夫来说已经足够。“我扣动了扳机，敌人倒了下去。步枪的瞄准具依旧在阳光的照射下闪闪发亮，只是拿枪的人不再动弹了。”天黑之后，扎依采夫和库利科夫从铁板下拖出被击毙的德国枪手的尸体，把死者身上的步枪和证件送给了分区指挥官。

最后一战

除了 7 人死亡或负伤，这个狙击小组还有 13 名狙击手。1943 年 1 月初，他们被派往了另一个前线，丝毫没有休息的时间。此刻扎伊采夫并不知晓这将是他的最后一战，虽然他受伤了，但讽刺的是这却救了他一命，因为没有人会在斯大林格勒战役中一直幸运下去。德国人发动了新一轮的进攻，狙击小组的任务就是尽可能多地射杀德军军官。用扎伊采夫的话来说就是杀掉德国步兵的首领，让他们群龙无首。他们联合作战，击中火力，取得了巨大的成功。这个不同寻常的战术，在当时的境况下确实奏效了：3 名狙击手射杀了 50 多个敌人。

不幸的是，扎伊采夫忘记了规则，冲向了一群投降的德国人——正好冲进了有火箭弹幕的那条路。“我看到火箭在空中翻滚的全过程，接着它掉在了我前面的 30 米处，弹了一次后就嘣的一声爆炸了。”扎伊采夫的头被烧焦了，细小的钢铁碎片嵌入他的脸上和眼睛里。醒来时已是在医院了，全身裹满了绷带。整整一个月，扎伊采夫都活在黑暗之中。在此期间，他学会了辨别病房里各种各样的声音，同时也在忍受着创伤后遗症，整个人在狂笑和泪水中度日。在某种程度上，这次被迫的休息也是他治疗期间所必须的，以他固执的性格，他绝不可能接受永久失明。

五周之后，医护人员小心翼翼地解开了绷带，扎伊采夫可以看见身边人的大致轮廓了，但他仍需要接受强化治疗，于是被送去了位于莫斯科的眼科医院。在途中他接到了前去面见崔可夫的命令。接着扎伊采夫晋升到了中尉军衔。最终，红军夺回了斯大林格勒，大批又冷又饿的德国士兵纷纷投降。扎伊采夫继续接受外科专家费拉托夫教授的治疗，最终重见光明。

扎伊采夫几次受到了中央政治局成员和苏联红军领导的接见，接见中被问及有关他的亲身经历以及关于狙击重要性的想法，这些都极大地影响了苏联日后的狙击手训练。在一次和米哈伊尔·加里宁的会面之后，扎伊采夫意外地被授予了苏联的最高奖章——列宁勋章：

在接下来的几分钟，我紧张到不能呼吸，耳朵也兴奋地嗡嗡作响。这个声音就好像是斯大林格勒防御战时的回响……在那里，曾经一度，除了伏尔加河，我们没有任何退路。

战后，扎伊采夫被提升为上校，离开了军队。之后，扎伊采夫的主要工作就是协助狙击训练，巡回演讲战斗经历。尽管他是苏联著名的狙击手，但他官方记录——击毙了242个敌人距离最高纪录还差得远。后来他去大学学习工程专业，于1952年获得学位，成为了一名工程教授。1991年，就在苏联解体前十天，扎伊采夫逝世，享年76岁。

扎伊采夫的临终遗愿是死后葬在马马耶夫岗的斯大林格勒战役纪念碑下。就在那里，他的无数战友为了保卫祖国献出了自己的生命。2006年1月31日，应他的遗愿，瓦西里·扎伊采夫的遗体以隆重的军礼被重新迁葬到马马耶夫岗。他的棺木被埋在纪念碑旁，墓碑上则写着瓦西里的名言："除了伏尔加河，我们没有任何退路。"

附注：

本章节所有的引用都来自扎伊采夫的自传：《瓦西里·扎伊采夫，一名苏联狙击手的随笔》。

关于狙击决斗的真实性一直存在争议。扎伊采夫确实和一名经验丰富的德国狙击手交手过，这一点毫无疑问，但是任何一个服役期较长的狙击手都可能会有这样的经历。科宁斯可能只是一个狙击能手的昵称而已；托尔伐特这个名字在这场战争中也出现过。但是所有的德国军事报告都没有提及过这个名字，也没有哪个柏林狙击兵学校的校长叫这个名字。

扎伊采夫的实际杀敌数超过400，但是只有在他人在场情况下的射杀才会被官方记录下来。苏联狙击排行榜的状元为隶属第1122步兵团的伊凡·希多伦科，官方记载的杀敌数超过500。

第七章　克利福德·肖尔：英国狙击手教练

勒罗伊·汤普森

二战期间，克利福德·肖尔上校建立了高效的狙击手训练机制，在英国狙击的发展史中有着举足轻重的地位。他所著的《与英国狙击手一同攻入德国》一书，被公认为是狙击手著作中的经典之作。迄今为止，不管是从历史角度，还是从狙击手的派遣和任用角度，该书仍具有重要的参考价值。

1943 年初，肖尔打算在英格兰建立一所狙击手学校，但在当时，他的想法并没有得到广泛认可。肖尔书中提到，在那之前就已经有几所狙击手学校了。肖尔书中讨论的第一所狙击学校是位于苏格兰的一所小型狙击手学校。这所学校主要教授的对象是已经掌握了过硬射击和追踪技能的猎人，教授内容是如何使用望远式瞄准具以及如何传授自己射击和追踪的技巧。另外，苏格兰的突击队培训站也教授一些狙击技巧。在稍后的章节中，肖尔并不认为比斯利的一名普通射手经过训练就能成为一名优秀的狙击手，但他承认，战争早期，比斯利的一所狙击学校的确培养了一批有用之才。还有一所在北威尔士的狙击学校也教授相关狙击技巧，肖尔认为，这所学校最大的价值就在于一项针对军队指挥官设计的为期两天的课程——教会他们如何看待狙击手的价值。在他看来，在某种程度上，比起教授狙击技巧，让那些高级军官掌握如何使用和派遣狙击手更为重要。肖尔在书中还提到，在 1940 年，英国远征军中还很少有狙击手；但在敦刻尔克大撤退中，英国“狙击手”们成功拖住德国步兵行军一事，成为了推动二战期间英国建立狙击学校的动力之一。但这里所指称的“狙击手”还不是严格意义上的狙击手，这可能是对英国远征队中一些“射杀”德军表现突出士兵的称谓。

后来，在诺曼底登陆前的几个月，肖尔试图给他部队里最出色的枪手配备狙击步枪，但是没有成功，甚至就连弄到一把带瞄准具的步枪都没有成功。一直到登陆诺曼底那会儿，他们还是得凑合使用带铁准星的李 - 恩菲尔德 P14 步枪。

登陆滩头不久，肖尔很快就见识到了德国“狙击手”（他们中大多数人还只是步兵枪手，并不能算是专业狙击手）的厉害。不管称呼如何，他们精准的枪法的确让士兵一个个倒了下去，队伍也不敢向前行进了。肖尔迅速意识到，一个训练有素的狙击手，可以拖住敌军行军的速度，从而极大地提高部队的战斗力。于是他总结道，如果普通的步兵枪手就可以制造如此大的恐慌，那么“一枪一命”的专业狙击手则可以制造更大的破坏。此外，肖尔还敏锐地意识到，一个专业狙击手造成的心理震慑，可能比造成直接死亡的威力更大。

1948 年该书出版前，在和一些上过二战战场的老兵交谈过程中，肖尔发现他们的绝大多数人，对枪法精准的狙击手的畏惧，远远超过了对迫击炮、火炮、炸弹或机关枪的畏惧。简而言之，士兵们对那些瞄准自己子弹的恐惧远远超过了对其他的恐惧。

作为一名神枪手的肖尔，十分清楚狙击手的习惯。他知道，狙击手通常射杀的对象就是那些军官、无线电技师、军士以及那些由于他们的死亡能造成混乱的重要人物，于是他把自己的徽章遮了起来，并下令军士们也将臂章遮起来。然而，这些军士们却反对这项军令，于是部队陷入了更为危险的境地。尽管肖尔自己了解狙击手和狙击，显然那些军官们并不懂。随着战争的继续进行，那些带着软帽、拿着望远镜或地图箱，且手中没拿步枪或卡宾枪的指挥官或军士们，一个个倒在了德国狙击手的枪下，渐渐地，当初的态度也就发生了转变。最终，一条军令应运而生：军官或军士们遮挡好自己的军衔徽章，不再穿戴或配备那些会泄露指挥官身份的制服或装备。

在部队离开滩头前，肖尔一一检查了他们找到的所有的狙击手藏身处。他十分好奇这些狙击手是如何选定最佳狙位的。在朝比利时和荷兰行军的途中，肖尔的队伍中仍有人不断死于德国狙击手的枪下，但肖尔仍怀疑他们是否是真正的狙击手。当时，比利时的参战队伍基本上消灭了当地所有的狙击手。如果参战队伍能缴获一把狙击步枪的话，肖尔将十分乐意去从他们手中购买，但是他们从没有缴获过真正的狙击枪。

肖尔听到不少有关德国狙击手的故事，包括：一名法国女人嫁给了德国人，后来成为了一名训练有素的女狙击手；一些德国狙击手躲在树顶上射杀敌军。虽然肖尔有时确实能碰见德国士兵躲在树顶的情况，但肖尔认为其中的大多数人只是侦察兵，并不是狙击手。肖尔自己作为一名狙击手，很难去相信一名德国狙击手在树上保持不动的情况下，还能稳稳地射击；另外，躲在树顶上开上几枪后还想成功脱身，这种概率几乎为零。不过后来，他确实看到了德国一些训练教材上提及了利用树顶作为狙位的方法。

1944 年 10 月，肖尔在荷兰埃因霍温发现了一所“狙击手学校”，并说服他的长官允许他前往学习。当请求最终被通过时，此时的肖尔可谓是如鱼得水。后来肖尔得知，很多来自拉沃特侦察兵团的教练，在参战之前都是高地的打猎好手。在那里，肖尔接受了包括追踪、侦察和射击在内的一系列训练。作为受训人员中年纪最大的官员，肖尔惊讶地发现其他一些参加训练的官员们，即便是在接受如此优秀的训练下，他们的枪法仍出奇得差。他还指出，有些狙击步枪的精确度也远远不达标。

狙击手作战的射击标准为：能在200码处击中敌人头部，400码处击中敌人身体。这些算是最低标准了，大多数狙击手在更远的距离外也可以做到这些。

狙击手学校的训练包括多种项目：

常规：组织，装备，狙击手作战技巧；

侦察：常规，单筒望远镜，双筒望远镜，开火位置；

作战技术：隐蔽，伪装，移动，追踪；

射击：常规，误差来源，瞄准，狙击步枪，黄昏射击，持枪，射角表，无风射击和移动，识别目标，估测距离，实弹射击练习。

狙击学校的校长昂德希尔上校认为，战时的狙击学校应尽可能地设在前线附近，以便受训人员可以得到实战练习。到肖尔这一级受训人员即将毕业时，随着部队攻入了德国，前线移动的速度大大加快了。横渡莱茵河后，这些受训人员被分配到高地师团，以获取一些狙击实战经验。肖尔还指出，狙击学校跟随行军队伍移动的另一个好处在于：狙击手教练可通过和前线的“狙击手”一到两天的合作，来对他们进行一定的训练。而实际上，这些所谓的“狙击手”之前并没受过多少狙击训练。肖尔还提到，有一次他差点被一颗德国子弹击中，但那也并非出自真正的德国狙击手之手。一直到战争结束，肖尔都很少有机会能用上他新近学到的狙击技巧。

英国狙击手装备（狙击手学校推荐）：

李-恩菲尔德4号步枪（T），丹尼森罩衫，面纱，单筒望远镜，双筒望远镜，罗盘，50发0.303英寸的子弹，2枚36号手榴弹，5轮曳光弹，5轮穿甲弹，水瓶，1份应急口粮。

肖尔指出，尽管上述装备是狙击手学校推荐的，但狙击手执行任务时可自行进行调整。

配备望远式瞄准具的李-恩菲尔德4号（T）步枪是由英国著名运动枪械生产商Holland and Holland生产的一款标准步枪。在介绍英国狙击步枪的章节中，肖尔高度评价了这款配备望远式瞄准具的李-恩菲尔德MK Ⅰ(T) 4号步枪，指出每一把枪的精确度都极高，并配有安装望远式瞄准具（No.32 TS）用的两块金属托板、一个贴腮板及一根特制的步枪背带。No.32望远式瞄准具的倍率仅为3倍，内置能在100码到1000码范围内进行调节的视差修正手轮。Mk Ⅰ版的瞄准具的视差调节增量为50码，Mk Ⅱ和Mk Ⅲ则为100码。No.32望远式瞄准具的左边有一个风偏手轮。No.32瞄准镜原是专为全自动布朗式轻机枪设计，以耐用而著称。肖尔特别强调，狙击手训练的一个重要部分，就是教会狙击手合理维护狙击步枪。许多战后送到狙击学校的步枪，实际上已经不能再用了。

丹尼森罩衫是为空降部队设计的。它防水，防风，绘有迷彩图案，并且有很多口袋，深受狙击手的欢迎。面纱涂上了棕绿相间的迷彩，狙击手隐蔽时，它能很好地分割其轮廓和面部肤色。

每名狙击手都配有一个侦察团单筒望远镜，通常由观察手负责携带。该望远镜的倍率为20倍，三节拉伸，配备三组镜头。很多包括拉沃特侦察兵在内的狙击手，都认为侦察团望远镜过于笨重。尽管后来有了质量更轻的罗斯望远镜，但因其倍率仅为15倍，肖尔还是认为侦察团望远镜的性能更胜一筹。就步枪而言，肖尔强调狙击手一定要学会爱护保养瞄准具，尤其是在清洁时，不要刮擦镜头。在讨论侦察团望远镜的优势时，肖尔指出该款望远镜能侦察到16公里以外的行军情况。此外，肖尔还强调在使用望远镜观察敌军时，狙击手和侦察兵每隔大约20分钟就要换班，以免注意力不能集中。

狙击手们正常也会配备双筒望远镜。双筒望远镜的型号不一，通常由狙击手自己携带。它可使狙击手在更宽的视野条件下侦察敌军。通常双筒望远镜的倍率为7倍，但是肖尔的望远镜倍率为10倍。一旦他侦察到一个可疑目标，接着就会警告他的观察手，改用单筒望远镜来监视。肖尔在书中描述了双筒望远镜的一个优点：由于它的聚光能力，在黄昏或月夜下，其发挥的作用极大。

“侦察”装备中的棱镜罗盘，由狙击手携带，用于报告观测到的火炮、迫击炮或其他信息。

步枪容弹量为50发0.303英寸的子弹。标准步枪弹药放置在弹药带中，用于步枪瞄准或正常射击。一般来说，狙击手们配发的是Mk Ⅶ 174格令（即11.3 g）子弹，但一些狙击手试图弄到Mk Ⅷ z 175格令（即11.34g）的船尾型子弹。后者的射程更远，专为维克斯机枪设计。“z”代表添加了硝化纤维素火药，这种子弹在300米外的射程的精确度更高。另外，由于子弹头中的前1/3填充的材料为铝、醋酸丁酸纤维素塑料，甚至是压缩纸，一旦打中人体，这颗“头轻脚重”的子弹就会因不稳而旋转，从而造成的伤口会比普通子弹严重。这种子弹在飞行过程中能够保持平稳，在远距离射击时更加致命。不管狙击手选择哪种弹药，一旦他瞄准目标后，他就希望弹药够用，以免给步枪重新装子弹后还需再次瞄准目标。

狙击手们也被建议随身携带2枚36号手榴弹。36号手榴弹，即著名的米尔斯炸弹，形状为菠萝型，是一种粉碎性手榴弹。其用途是防止狙击手在追踪过程中，不小心陷入德军阵地时防身所用。但是很多狙击手并不喜欢在匍匐前进时，口袋里还塞着两颗手榴弹！

狙击手还被建议要随身携带曳光弹和穿甲弹。5 轮曳光弹置于右边口袋，用于指示目标。但肖尔声称，他从不知道有哪个英国狙击手使用过曳光弹。五枚穿甲弹则置于左边口袋，穿甲弹的用途为攻击德军机关枪开火点——它是能摧毁机关枪的炮弹。

狙击手还应携带一个标准水瓶，用于提振精神。一些经验丰富的狙击手，还会在枪口前的地面上洒一些水，以防子弹射出后灰尘四起。但有时，为了节省仅有的一点水，他们会在地上小便来使地面潮湿。另外肖尔也建议狙击手应随身携带一份应急口粮，如果发生需隐蔽一整天的情况，这份口粮就会派上大用场。

肖尔还指出，狙击手学校的伪装奶油管也是很有用的，但是大多数狙击手都会采用一些自制的材料，如用锅底的黑灰抹在脸上，戴上粗麻布手套来掩饰双手。

一毕业后，肖尔就申请了一所狙击学校的教练一职。等到聘书到达时，欧洲战场的战争已经结束了。这座学校很快就成为了位于德国的著名英国驻莱茵陆军训练中心的一部分。在成为狙击学校一员前，肖尔发现自己关于枪支的知识，常常可以在为其他士兵检查和修理一些“即将退休”的枪支武器时派上用场。

当他把这件事报告给狙击学校后，肖尔就开设了以下课程：英国军用步枪的历史、小型武器弹药、英国与其他国家的小型武器的比较等。尽管肖尔在教学工作上花费了很多时间，但同时，他也和在狙击学校当老师的拉沃特侦察兵团的军士们一起捕猎，来提高自己的追踪技巧。之后开设狙击课程时，他就常常以拉沃特侦察兵团的军士们为例，来阐释如何长距离移动而又不被发现的技能。

在《与英国狙击手一同攻入德国》一书中，肖尔对受训人员如何快速学会隐蔽技巧展开了讨论，指出追踪也并不是多么高深的事：

> 就算智力平平的人很快也能发现，作战技术主要就是常识——猎人意识的训练：避免破坏景物轮廓，环顾四周；躲在影子下，但要注意影子的位置会移动；与周围融为一体；避免孤立或可疑的掩饰以及一切不必要的移动。意识到伪装的价值，以及通过一些颜色和色调的对比来获得破坏性效果。学习一些可用于个人隐蔽的伪装技巧：头部和脸部带上迷彩面纱；手上抹上伪装奶油、泥土、污垢或戴上手套；身穿装饰了黄麻布、隐蔽效果更强的丹尼森罩衫；给枪上色或给它裹上装饰品；给单筒望远镜镜筒盖上面纱或一只旧卡其色袜子；把一条迷彩黄麻布条系在双筒望远镜支架前面。
>
> 重点在于他要把自己训练到能看穿敌人的隐蔽：这会产生双重效果——他自己也会更加注意自己的伪装形式……

在狙击学校学习和教学的所有时间里，肖尔探索并发展了关于狙击课程内容的想法。一回到他原来的团里，他就获得了一个学以致用的机会——训练队伍里士兵的狙击技术。

回想起来，肖尔当时决定的为期10—14天的狙击训练课程，想要产生真正的效果时间未免太短。但实际效果确实比没有训练好得多，而且培养出了一批优秀的狙击手。同时他也写到，那所在北欧随着英国军队移动的狙击学校，比其他的学校组织性更强、效率也更高。他列举了地中海一所连配备瞄准具狙击步枪都没有的学校为例。不过他也记录了黎巴嫩的一所山地战学校，那里将狙击和追踪加入到了教学课程中。

肖尔在进行狙击手训练过程中，得出了一个非常重要的结论：作为教练，他们要有狙击实战经验。这不仅使得他们更加令人信服，尤其是在训练战场老兵时，他们也就可以提出一些权威性的实战建议。对于那些仅凭自身的教学能力而当上教练的人，肖尔建议他们至少应该花上一些时间去前线参加战斗，为他们增加一些实际经验。这也是把狙击手学校建在前线附近的一个重要原因。

肖尔认为狙击手身上很重要的一点就是性格和背景。在《与英国狙击手一同攻入德国》中，他评论道：

> 但是这是一个事实：一个不会良心不安的狙击手比在近战中的士兵更能致命。诸如懊恼或质疑动机这类的私人情感会减弱一个人关键时刻的杀戮本能，并且随后狙击手会陷入一连串类似这种短暂的想法中。狙击手必须要把杀人看成拍一只苍蝇一样——是一种不加思考的本能行为。狙击手只应关注两件事——完成任务以及安全撤离。适应这种“狙击手射杀”比适应近距离射杀简单得多。人死的过程比一般人想象中的慢：当一个人被击中后，通常的情况是先傻笑，然后眼白往上翻，带着死亡气息的汗水在额头沁出，喉咙里发出类似干呕的声音，接着便扑通倒地。当场听到这种声音还想保持不动声色实在太困难了。而狙击手通常都无须忍受这个场面，除非他速度足够快，能拿起望远镜看到这一全过程，或者是这个“被狙杀的人”距离他很近，狙击手借助瞄准具可看到全部的过程。
>
> 所谓狙击，并不是在一场战斗中，无计划地杀掉一个小兵小卒，而是冷酷、蓄意地杀掉一个重要人物，并且它是一门需要去

学习、练习及完善的技术。我经常听到这样的说法，狙击手就应该是对德国兵或其他敌人恨之入骨的那些人。但是我发现那些内心对德国人极其愤恨的人，如在闪电战中失去了妻儿和家园的那些人，并不是那种能成为一名出色的狙击手的人。我所期待的是这种人：冷血且判断精准，和平时期的猎人，并不憎恨敌人，只是对追踪和射杀充满极大的兴趣。

当狙击手待在狙位准备开枪射击时，他会有一种“内心冻结”的感觉：呼吸不大正常；听觉被放大；狙击手皆知的那种兴奋感油然而生并且下意识的神经麻木。一旦目标进入到瞄准具范围内，十字线稳稳地对准了他，对于射杀面前这个人，狙击手自己没有一丝的良心不安。真正的狙击手绝不是一个屠夫，他不是为了杀人而杀人，但在追踪和杀戮之中，有一种自然而强烈的情感超越了其他情感，使得他整个人异常兴奋。

尽管二战中英国狙击手参加的战争大多是运动战，肖尔仍强调搭建可供长时间隐蔽的藏身处的能力。一个好的藏身处不仅可以用于隐蔽、遮风避雨，还可以让狙击手在小范围移动而不被敌人察觉。藏身处的大小和结构应视具体的地形和材料而异。肖尔还强调，搭建时一定不能留下洞眼——因为洞眼会反光。

关于在狙位开枪这一点，肖尔提出了三点警告：

- 黄昏或黎明时分开枪，枪口焰可能泄露狙击手的藏身处；
- 下霜的早晨或潮湿的天气中开枪，枪口冒出的烟会招致危险；
- 把藏身处的地面弄湿，以防开枪后被激起的灰尘暴露出狙击手的位置。

肖尔指出，搭建藏身处时一个常见的问题就是头顶高度不够。肖尔提到的一些可以搭建藏身处的地方有：矮树丛下，垃圾堆里，毁坏的建筑里，伪装过的狭长掩壕。在利用毁坏的建筑时，肖尔建议将藏身处建在窗户或房屋漏洞的后面，这样狙击手可以躲在影子中。他还强调，不管藏身处建在哪里，要保证有好的开火位置，以及其他备用的藏身处。

战争结束之后，肖尔十分注重去找尽可能多的狙击手谈话，如此一来他可以收集到更多的有用资料。肖尔对于那些狙击手可以高效完成的任务，格外地感兴趣。他列举了分配给英国军队的任务中，最适合狙击手完成的任务：控制英国阵地和敌人阵地之间的无人区，消灭敌军的机关枪人员，在无人区的藏身处朝敌人阵地开枪（他列举了很多德国哨兵出入阵地时被射杀的例子），消灭敌人的火炮或侦察兵，消灭敌人的军官或军士（英国狙击手学习过识别德国及其他敌人的军衔徽章），以及利用瞄准具来为军队收集情报。在无人区作战时，军队指挥官尤其看重狙击手的价值。他们甚至还得到允许，白天可以从前线撤回去休息一下或吃点热食物。

肖尔也通过一些例子表明，有时狙击手的价值是无法估量的，但也有时，他们在战争中使用的不是很多。在与影响行军速度的敌军狙击手的较量中，狙击手所发挥的作用是不可估量的。另外他指出，狙击手可以穿到敌军的后方，从后方进攻敌人的武器人员并消灭他们。这样一来行军和战争突围的速度就大大提高了。

在讨论反狙击手任务时，肖尔对在一战中广泛用来引诱敌军狙击手开枪，从而判断出他们的藏身处并消灭他们的“仿真头”作了一些很有趣的评论。尽管英国狙击手学校也有一些高质量的仿真头，但由于二战运动战的特性，仿真头使用的很少。当然，有时想要除掉一名尤其令人恼火的德国狙击手时，仿真头可能也会派上用场。

在分析很多的成功狙击手的案例后，肖尔越发地觉得拥有猎人的背景具有极大的优势。例如，他发现很多是打猎好手出身的狙击手，可以根据一块区域动物的反应来判断出敌人的移动。肖尔也提及了英国狙击手遵从的一条良好的规则：狙击手要试着模仿一名成功的偷猎者！在讨论来自各个国家的狙击手时，他重点描写了那些有打猎背景的狙击手们更易成功。比如，他列举了在入侵挪威之战中，很多挪威山地猎人躲在山上射杀村里的德军，取得巨大成功的事件。同样的，肖尔也称赞了打猎好手和樵夫出身的芬兰狙击手的技术。

肖尔总结道，比起在比斯利山脉学得的枪法，拥有猎人的经验，更容易让狙击手取得成功。他觉得，除了要学习射击部分隐藏的目标，猎人们早已掌握了快速估计射程和偏差的能力。而肖尔自己曾经有过经验，在教授调整和偏差课程时，大多数人都没能学会。另外，猎人对地形和狙位选择的感知力也更强，他们知道哪里阳光不会照射到望远镜镜头上或者枪口风不会激起碎片。在讨论狙击手训练课程的章节中，肖尔还建议可以把狩猎作为课程的一部分。

肖尔使用了澳大利亚袋鼠猎人出身的狙击手作为论点。为了避免破坏袋鼠的毛皮而使其贬值，袋鼠猎人们练就了一手小心翼翼的好枪法。把这套枪法应用到射杀日本人身上，他们也同样取得了巨大的成功。他同时也指出，很多澳大利亚狙击手的射程比英国狙击手的远，但这倒也不是说英国没有狙击手可以进行远距离射击。当多名狙击手在一起合作的时候，肖尔提出了一种稍远射程下可使用的方法。如果他们不能统一射程，那么每一名狙击手都按照自己所估测的射程瞄准目标敌军，然后同时开枪。一般来说，总会有一个人的估测是正确的。该方法用于超长距离射击时也被证明十分有效。

肖尔对在热带地区的英日两国狙击手的对决作了一番有趣的评论。显然英国狙击手在那里取得的成功要比在欧洲战场小得多。肖尔推测其中部分原因在于：由于热带地区的高温，士兵们只穿着衬衣。这样一来，他们在射击时就少了手肘或肩膀缓冲作用。肖尔认为，一件在手肘和肩膀处垫有垫衬的轻质衬衫式夹克衫，将会大大提高狙击手的射击表现。

肖尔认为很多关于苏联狙击手的故事都不过是夸大其词，他们并不像故事里描述的那样厉害。他也承认确实有一些经验丰富的追踪者或猎人出身的乌拉尔或西伯利亚狙击手，但他们是例外。确实也有一些理由能够支撑肖尔的观点：多数曾在东部战线上战斗过的德国士兵指出，他们并没有碰到多少出色的狙击手。然而这是有争议的，因为很多和斯大林格勒之战中的苏联著名狙击手对决过的德国狙击手，在战争结束很多年后，仍被关在苏联的战俘集中营里，肖尔不可能采访到他们。

肖尔一直对狙击手战术非常感兴趣，书中他记录了每次苏联发动进攻之前，狙击手都会先赶到前沿阵地。待火炮开始炮轰德军后，狙击手就会开始狙杀德军来配合苏军进攻。他还提到苏联狙击手通过使用装甲盾牌，冲在队伍的最前面。这些冲在队伍最前面的狙击手的主要目标就是敌军的机关枪阵地，或者是使用曳光弹为苏联炮兵找到敌军的坦克或火炮阵地。肖尔书中还描写了一个有趣的情节：苏军在雪地中使用白色的曳光弹以致后来再也找不见，而德军采用显眼的红色曳光弹结果证明效果良好。但肖尔对这种方法的有效性持怀疑态度。

从诺曼底登陆开始，肖尔就开始尝试收集有关德国狙击手的资料，并且得出结论：德军中出色的狙击手少之又少。这也可能是由于大部分德国狙击手都被派到了东部战线。然而，书中记录了在意大利，英国军队确实遇到了一些相当出色的德国伞兵狙击手。在讨论狙击手战术使用的章节中，肖尔评论说德国没有派遣狙击手到那些匆忙建造的机场的密林地区，去干扰盟军的空中支援，确实是错过了一个绝佳的机会。如果德军抓住了这个好机会，派去的狙击手时不时地射杀几名飞行员和支援人员，敌军的行动便会少了很多自由，这样一来也就牵制住了步兵。

一次在意大利，狙击学校的一名教练在650米外，射杀了不少于两名敌军。而在德国人看来，距离650米已经是一个安全的距离了。肖尔所列举的这个教练采用的战术，是狙击/反狙击对抗中狙击手所能采用的策略的力证：

> 杰瑞急于找到我们，但我们知道他看不见我们。有一天，他把一个仿真头放置在战壕上面试图来引诱我们开枪，自己则通过一旁的潜望镜仔细观察着。我从瞄准具中看到了仿真头和潜望镜，并且我可以断定他为自己的策略没能奏效而十分懊恼。
>
> 第二天，我们猜想他会采用反狙击战术。所以在黎明时分，我们仔细盯着那处他趁着天黑能到达的唯一一处藏身处，然后他可以在300码处朝我们开枪。这个德国人的行为和我们预期的一模一样。我们这边的布伦轻机枪早已蓄势待发，不等他成为麻烦，一颗子弹就结束了他的性命。

当然这一点需要牢记，英国陆军最好的狙击手和追踪者—— 拉沃特侦察兵于1944年被派到了意大利战场。在那里，他们将登山、追踪和狙击技术发挥得淋漓尽致。

肖尔十分赞同英国这种狙击手和观察手搭档的体系，如此一来，观察手不但可以起到给狙击手提供心理安慰、避免孤独感的作用，而且可以使用他强有力的望远镜为狙击手找到更多的目标。肖尔认为，观察手的绝佳武器就是 M1 卡宾枪，方便携带，且火力十足。在战后关于德国人的报告中，肖尔发现他们中的大多数人都认为，较之于德国狙击手，英国这种组队的体系具有绝对性的优势。不过他也指出有些狙击手偏爱独自行动，对此他也表示赞成。

多名狙击手共同作战的实例发生在拉莫内河。一支巡逻队行经拉莫内河时，遭遇了火力袭击。尽管巡逻队绝大部分人都越过河流逃了回来，仍有一名受伤的士兵掉了队。但由于多名英国狙击手共同作战，德军并无法靠近那位受伤的士兵。后来，在狙击手的掩护下，前往营救的船只得以过河，成功救下了这名受伤的士兵。

肖尔在发展自己的狙击训练课程时，十分注重利用自己及其他人的战时经验。肖尔指出，常规的靶心射击除了起初用于评估他们的枪法外，对于训练狙击手并没有多少效果。他总结道，一套完美的狙击训练应包括在多种地形进行侦察、追踪和伪装训练，以及以三维仿真头作为靶子的实弹射击训练。训练场地应一天 24 小时开放，如此训练可全天候进行。另外还有，和狙击手们的常规看法不同，肖尔认为狙击手们应该重视借助一些支撑物的价值，因为有时狙击手们不得不借助一些支撑物来进行狙击。

在狙击手训练和演示狙击手如何为军队或高层指挥官执行任务的章节中，肖尔记录了一次极其有力的关于“节省兵力”的演示：在相同的距离下，一名狙击手朝目标开火，另外一把布伦轻机枪也朝目标开火。演示规定每个人击中 6 个目标，结果总是狙击手占上风。

肖尔希望借助这本书，能够避免再犯一些之前的错误：战时开设狙击手训练课程，和平时期又将这项技能遗忘，甚至由于缺乏使用和保养，狙击步枪都生了锈。他还积极争取让狙击手们加入到步兵营中去。肖尔还指出，在一些狙击手派遣很频繁的部队里，他们隶属于支援连队，营长通过支援连队长官，直接将命令下达给狙击手。狙击手只有在有狙击经验的长官的指挥下才能发挥最大作用，而能力较低的军士在指挥时则显得力不从心。然而，这种情况是很少的。一个营里的狙击队伍的标准配置为：一个中士，一个下士，两个准下士以及4名士兵。

在狙击手部署方面，肖尔也强调狙击手应该有清楚的任务，而不只是把他送到前线，然后在那里瞎晃悠。但是他也承认有一些非常厉害的“独狼”狙击手，只要把他们送上战场，他们就能知道自己要做的事。

结合自己的射击和打猎、狙击教练以及和狙击手们接触的经验，肖尔总结出了一把理想的狙击步枪的特征。肖尔以传统英国部队军用步枪展开讨论，其所用子弹为标准军用子弹，其精确度高于一般步枪，同时配备包含视差修正手轮和风偏手轮的望远式瞄准具。

然而，肖尔却认为，口径小于0.303英寸的步枪，能打出质量更轻、速度更快的子弹，将更适于狙击手使用。这样一来，子弹射出后飞行更平稳，也就无须过多调节射程。他建议口径大小为0.276英寸，瞄准具倍率4至5倍为宜。在和经验丰富的狙击手讨论他的想法时，肖尔发现大多人数都赞同他的想法。不过同时他也得到了其他的建议，比如他们希望有质量更好的镜头盖；虽然瞄准具倍率为4至5倍，但他们仍希望重量可以更轻一些；并且他们希望瞄准具是滑动安装，而不是用螺钉固定在李-恩菲尔德4号步枪MK Ⅰ（T）上。作为更高速率的0.276英寸的子弹，肖尔还建议也可使用高速且精确的0.303英寸的子弹代替。如果这种特制子弹不够用时，0.303的标准型号仍可使用。

肖尔对于狙击事业的贡献并不在于他射杀了多少敌人，而是在于他对狙击手训练和战术的观察和分析，以及汇集他所有智慧和经验写成的《与英国狙击手一同攻入德国》一书。由于肖尔的书到1948年才面世，它对狙击手教练的影响始见于越南战争。不管怎样，作为二战时期的一名狙击手教练，肖尔的确把自己的知识尽数传授给了他所指导过的狙击手们。实际上，当肖尔发觉这种训练的必要性后，他推迟了回国的日子，并且专门用了几周的时间，独自一个人对队伍里的军士进行了狙击训练。

1946 年，“受军事委员会的命令”，一本名为《轻武器训练：狙击》指南手册出版了。该手册汇聚了大量关于战时狙击手训练和派遣的信息。有关狙击训练的大部分信息都是取自于战时的狙击学校，包括肖尔上过的那所。但由于该书作者并未署名，所以肖尔是否参与了该书编写便无从得知。无论如何，这本在肖尔的《与英国狙击手一同攻入德国》之前出版的指南，无疑为后来的狙击手教练提供了大量的参考信息。

有一点可以肯定，肖尔一定会同意这本手册中“狙击手的特征和训练”这一章节的内容：

- 一个真正训练有素的狙击手可以定义为一名士兵，他能在隐蔽的情况下找到敌人所在地，能在不被发现的前提下追踪或等候敌人，总之他就是一名神射手。他的目标就是一枪一命。他是战场上专门猎捕大型猎物的猎人，他必须掌握猎人的技巧、偷猎者的伎俩、精准的枪法以及找出敌人的决心。
- 他不仅要接受步枪枪法训练，而且观察力和作战技术也要训练达到一定的高度。如果没有良好的观察力，他难以找到合适的射杀目标；如果没有全面的作战技术，他很难找到射杀目标的狙位，所以说，狙击手一定要全面掌握观察技巧和作战技术。

当然，将狙击手比作猎捕大型猎物的猎人，可能出自肖尔之口，也可能是出自其他拉沃特侦察兵之口。很明显，《与英国狙击手一同攻入德国》和《轻武器训练：狙击》都有一个共同的目的：避免像一战后，狙击知识和训练就停滞不前的错误再次发生。

第八章　泽普·阿勒伯格：纳粹国防军神枪手

艾德里安·吉尔伯特

分配到山地团没多久，列兵约瑟夫·泽普·阿勒伯格就被赋予了射杀一名苏联神枪手的使命。这名神枪手已经夺走了他几名战友的性命。1943年8月，东部战线南部的行动统一为了暂时的堑壕战，这样一来，狙击手在部队的重要性大大提高了。阿勒伯格所在的第144步兵团第2营素来以狙击手闻名，但对于阿勒伯格而言，这是他的第一次任务。

幸运的是，这个苏联狙击手不仅训练不足，还自信过头。阿勒伯格只用了一点狙击手惯用的伎俩——让一名士兵把一顶帽子举过战壕，结果，这个经验不足的苏联狙击手就上了当——他朝帽子开枪了。随后，他的枪口焰被正在用双筒望远镜侦察的阿勒伯格捕捉到，于是这个苏联狙击手的位置就这样被暴露了。接着，他又犯了一个大错——他还继续待在原开火位置，阿勒伯格甚至可以看到他瞄准具上的反光。

这个年轻的奥地利狙击手将开火位置选在了堑壕里堆放木头的后面。木头之间有一道小缝隙，刚好能容下步枪枪口，但是放不下望远式瞄准具。好在此次射程较近——仅约100米，步枪上常规的铁准星就足以应付。在透过铁准星对准这个士兵时，和之前的很多狙击手一样，阿勒伯格感到一阵良心不安，但他所受的训练很快占据了上风。屏住呼吸，他轻轻地扣动了扳机。

枪声响彻了整个无人区。子弹激起的灰尘模糊了阿勒伯格的视线，有一个步兵尖叫了起来："打得漂亮！你击毙了那头猪猡！"阿勒伯格的战友都围了过来，夸赞他的射击技能。作为一个刚上前线不久的新手，受到这些久经沙场老兵的夸赞，阿勒伯格有点受宠若惊，但是他私下里十分开心自己在国防军里找到了合适的岗位。

阿勒伯格并不符合传统的狙击手形象。很多狙击手都是经验丰富的猎人出身：如苏联狙击手瓦西里·扎伊采夫，在北部大森林猎杀动物时锻炼了自己的射击技能；芬兰狙击手西蒙·海耶也是如此；年轻的伯特·肯普为了养家糊口，被送去田纳西州树木繁茂的小山里猎杀松鼠。相比之下，阿勒伯格只是一名跟随父亲学习木匠的学徒。但是在东部战线的两年战斗中，他确认杀敌数达到了257人，成为了二战德国陆军中稳坐第二把交椅成功的狙击手。

1924年12月24日，阿勒伯格出生于奥地利萨尔茨堡市附近的一个村庄。他从小就生长在严格而专制的环境下，接受了兵役不仅是一项准则也是获得荣耀的思想。1942年秋天，在宣称自己体格健康可以参军时，他毫无保留。根据擅长宣传鼓动的纳粹党宣传部部长约瑟夫·戈培尔所言，东部战线上的战争眼见就要取得最终胜利，现在只不过还需要最后一点助力。

1943年2月，在派往米登华德接受严格而周密的基本训练之前，阿勒伯格应征到了山地师轻步兵部队，其奥地利总部位于库夫施泰因的提洛尔小镇。在米登华德时，阿勒伯格被任命为机枪手，也正是因为这个职务，1943年夏天，他和其他增援部队一起被派往东部战线，加入了山地团。

第144步兵团隶属于第三山地师，驻扎于伏罗希洛夫格勒附近的顿涅茨河西岸的乌克兰南部。1943年7月，苏联发动进攻，企图将德军逼回第聂伯河。一到达前线，阿勒伯格就发现部队深陷于苏联的凶猛攻势之中。这是加入东部战线战争一个凶险的开端，随后，寡不敌众的德国军队先是惨遭苏联大规模的炮轰，接着是一波又一波的步兵进攻。最终，德国军队不得不撤退。

在苏联的进攻过程中，阿勒伯格很快发现苏军的主要进攻对象是机枪手，这一点从苏联狙击手造成的德军机枪小组高比例的死亡率进一步得到了确认。在战斗了 5 天之后，阿勒伯格受伤了——但不是被狙击手所伤，而是被一块弹片割伤了左手。尽管伤口不大，他还是被送到了团部静养。期间只执行一些很轻松的任务。

他的任务之一就是修复受损的德国武器以及把缴获来的成堆的苏联轻武器进行分类。在挑捡苏联武器时，阿勒伯格注意到了一把狙击步枪，是一把配备 3.5 倍 PU 望远式瞄准具的莫辛 - 甘纳 91/30 步枪。这把结实耐用、精准可靠的杆栓式枪机步枪，配有五发子弹的弹夹，深深地迷住了阿勒伯格。后来他得到允许，可使用缴获来的大量苏联弹药进行练习。这把步枪正是和瓦西里·扎伊采夫和西蒙·海耶手中杀伤力十足的步枪同一个型号。实际中阿勒伯格使用这把枪的确顺手，又受到掌管武器的军士的鼓励，很快他就可以在 100 米外射中一个火柴盒了。

阿勒伯格所在的团很重视狙击。同样来自该团的提洛尔人马豪斯·海茨瑙亚，确认有效射杀纪录为 345 人，成为德军在二战中排名第一的狙击之王，这自然不是巧合。关于阿勒伯格射击技能高超的消息传到连长耳中后，他便卸任机枪手一职而成为了一名狙击手。尽管前路凶险，角色的改变还是给思想独立的阿勒伯格带来了新的挑战。

1943 年余下的时间里，德国人遭到了苏联人残酷的打击。在一系列如洪水般的进攻中，德国人坚持不了多久。德国人不断地退到新的防线，一般也只能支撑到下一轮进攻为止。同时，在不断的撤退和防守中，德国狙击手有了更多有效打击苏联士兵的机会。

到 9 月中旬时，德国人已退至第聂伯河前线的一处防线内。德国人只需观察被派来侦察德国阵地的苏联巡逻人员的数量，就清楚了苏联人此举意在夺回进攻主动权。阿勒伯格的上级给了他很大的活动自由，可以按他认为的最适合的方式来发动狙击战。在这期间，他经常在黑夜中溜进无人区，搭建一个良好的开火位置后，等候时机。在一个晴朗的早晨，他侦察到一队苏联巡逻队从一排树后走出，当时距离他的开火位置只有 150 米。

狙击手的首要目标就是军官。这一天早晨，阿勒伯格走运了：巡逻队打头的是一个军官，这从他精致的制服就可以看出来。当他停下来四处观望时，阿勒伯格可以从望远式瞄准具中看到他擦得锃亮的皮靴。这一枪开得很容易，阿勒伯格对准了他的身体，一枪毙命。阿勒伯格枪口的烟散去了，那位军官跪倒在地，接着倒了下去。其余的苏联士兵如惊弓之鸟，四处逃窜，他们不知道子弹是从哪里射出的。通常情况下，阿勒伯格开完一枪后便会悄悄溜走，但这一次，由于位置没有暴露，他又快速地击毙了两名敌军士兵。这两名士兵虽然勇敢，却愚蠢到想要救活他们死去的军官。

战后，阿勒伯格、海茨瑙亚以及另一位来自第三山地师的狙击手赫尔姆特 · 温斯博格，接受了关于狙击技巧和战术的采访。他们三人都表示，通过射杀军官可以拖延敌人的进攻，他们其中一个还简单地提到，“一天之内曾击毙了八位进攻部队的指挥官”。

尽管整个 10 月以来，苏联红军在前往第聂伯河的一路上节节取胜，但是德军仍占据着尼科波尔一条河流东岸的一处桥头堡。德国山地部队也被召集前去协助防守该桥头堡。

天气越发寒冷，开始下雪了。士兵们收到了一批新的冬季迷彩服：双层布料（里面垫了棉绒），一面是白色，另一面是常规的迷彩图案。狙击手的迷彩服上额外设计了环扣，以方便将天然伪装系到迷彩服上。然而他们发现，当把迷彩图案那面穿在外面时，很难将白色的这面全部隐藏起来，尤其是兜帽部分，脸部的一圈白色极易暴露位置而招致杀身之祸，因此狙击手们对此都有异议。不出所料，阿勒伯格则依旧按自己的风格行事。在进行了一系列实验后，他劝说团里的裁缝给他订做了两套棉服：一套是在有积雪时穿的白色轻质棉大衣，另一套是雪融化后穿的带有浅色迷彩图案的棉服。

尽管阿勒伯格起初像是一匹“孤独的狼”在前线作战，但后期开始遵从狙击常规——和一个观察员搭档。观察员可以帮助找到目标，观察子弹落点以及提供至关重要的心理支撑。就这样，阿勒伯格和巴尔杜因·莫泽开始了一段友谊，他们之间的合作非常愉快，但结局却是以悲剧收场。

阿勒伯格开始在无人区使用苏联坦克作为观测和开火平台。有了苏联坦克的掩护，尽管通常很谨慎的两人，也开始变得越发地自信过头。他们频繁地使用坦克作为开火位置。不幸的是，这一切引起了一名苏联狙击手的注意。他耐心地等待着这两个德国人再次回到坦克上。正当莫泽为阿勒伯格搜索目标时，这个苏联狙击手开枪了。子弹打中了莫泽的脸部下方：下巴被打碎了，嘴唇和大部分舌头也被子弹带走了。这个伤口是致命的，需要及时的治疗。但倘若现在出去，离开了坦克的掩护，他们还会再次中枪。阿勒伯格绝望地望着莫泽，他残余的舌头开始肿胀，堵住了呼吸气流。莫泽渐渐窒息了，那一刻对于阿勒伯格来说，显得无比漫长。天黑后，阿勒伯格将他死去的同伴的尸体拖回到了德军阵线。这给阿勒伯格上了极为有益的一课：没有什么事情是理所当然的。

前线部队的食物供应时不时会发生中断，士兵们不得不从当地寻找一些食物。在东部战线长达两年的战斗后，当地几乎已经没有什么可吃的了，士兵们只能常常靠吃苹果和腌制的黄瓜维生。1944 年 1 月，当部队从尼科波尔的桥头堡撤退时，在长期的战斗压力、恶劣的天气以及缺乏营养的食物的共同作用下，阿勒伯格最终因肠胃炎倒下了。他从前线退了下来，但在一段时间的休息和精心治疗后，他又恢复了健康。再次回到战场后，他引起了第二营新来的指挥官——马克斯·克劳斯上校的注意。从那以后，他开始在营里执行作战任务，并受克劳斯上校的直接指挥。

莫泽的死对阿勒伯格产生了巨大的影响。曾经有一段时间，他都是独自一人作战，但最终还是重新从一堆枪法高超、侦察经验丰富的人中挑选了一名搭档。此外，他还会为一些特殊的任务招募步兵。一次，一个步兵用机枪对着敌军的大致方向开火给阿勒伯格做掩护，就在那次行动中，阿勒伯格共击毙了18名敌军——这是一个惊人的数字。

但是，尽管狙击手已经尽了最大努力，还是没法抵挡苏联军队的强大攻势。在从德涅斯特河撤退到布格河时，苏联军队节节逼近，到了1944年3月末时，他们的退路被苏联红军切断了。哥萨克骑兵差一点就侵占了阿勒伯格所在的阵地。随后，他不得不把步枪更换为近距离防身用的9毫米自动手枪。在击退哥萨克骑兵后，第144山地团的指挥官——安东·洛尔希上校做出了艰难的决定——即刻突围撤退，这也就意味着要丢下那些伤势严重的士兵。上级预料到了他们将来的遭遇，留给了他们每人一把枪，好在被捕之前迅速结束所有的折磨。突围成功了，到了4月10日，山地团剩余的士兵越过了德涅斯特河，抵达了相对安全的地带。

到达德涅斯特河遥远的河对岸后，山地团就有了可进行休整的几周时间。尽管苏联军队就驻扎在河对岸，但这里是一个安静的地带，这让阿勒伯格和他的战友们都松了一口气。山地团和对岸的苏联军队的距离为400米——这个距离对于普通射击来说太远了，但对于狙击来说则是绝佳的距离。阿勒伯格沿着河岸巡逻，时不时地射杀对岸的苏联士兵，而这些苏联士兵仍沉醉在远离德军阵地所产生虚假的安全感之中。

5月的一天，阿勒伯格偶然侦察到了一群在河里洗澡的苏联士兵。苏联士兵和阿勒伯格之间的距离约为600米，这个射程对于阿勒伯格和他的莫辛-甘纳步枪有些困难，但好在当时有些微风，且光线也很好。把步枪放在一堆他刚刚割好的草皮堆上后，阿勒伯格准备开枪射击。他选中了一个容易的目标——一个正赤裸着身子躺在河岸上晒日光浴的苏联士兵。开枪后，阿勒伯格迅速朝瞄准具里看了一眼，他知道他成功了：敌军躺在河岸上不动弹了，其余的士兵则四处逃窜着躲起来。阿勒伯格早已抛开了不射杀手无寸铁的士兵的顾虑，因为东部战线的战斗“不是你死就是我亡”。此刻，阿勒伯格对于自己在这么远的射程下击中目标感到心满意足。

当第三山地师在重新休整时，克劳斯上校也在积极训练士兵，阿勒伯格被送回到奥地利的一所狙击学校接受训练。在此期间，阿勒伯格差不多学会了所有战场上狙击的技巧，但是克劳斯上校决心给他这位年轻的徒弟放个假，让他可以回去见见家人——这也是他应得的。

5月30日这一天，阿勒伯格上交了他心爱的莫辛-甘纳步枪，登上了一辆卡车，开始了长达五天的返乡路程。为期四周的狙击训练是在泽塔雷拉波进行的，当看到友好的教练和感受到轻松的氛围后——这些和严酷的基本训练形成了鲜明对比，阿勒伯格既感到吃惊，同时也松了一口气。此外，阿勒伯格兴奋地得知，他的教练们都很了解狙击，他们中的大多数人之前也都是狙击手，因受伤才从前线退了下来。

德国军队在战争早期并没有意识到狙击的重要性，直到大批的士兵死于东部战线上苏联狙击手的枪下时，才开始重新审视狙击的重要性。从1943年开始，狙击手学校开始向部队输送高质量的训练有素的神枪手。训练内容包括狙击技巧的基本要素：枪法、作战技术、侦察和战术意识。德国和苏联对待狙击的严肃态度和西方同盟国的随便态度形成了鲜明的对比。英国狙击手教练克利福德·肖尔上校对英国军队所采取的散漫态度感到失望，同样的问题也困扰着美国军队。

德国狙击手学校格外重视伪装，教练对这一点的强调可以通过这句座右铭看出来：“伪装十次，射击一次！”但德国狙击手学校所教授的伪装办法过于精细，搭建一个藏身处需要花上数小时的时间。阿勒伯格对这些过于精细的方案持保留意见，他认为作为狙击手，需要保证一定的灵活性。他的确做到了，他找到了更加高效的办法——伪装伞。实际上，这把伞的基础是一把普通的伞，但只能撑开至 180°。然后在伞布上涂上和周围地形一样的颜色，再加上一些天然伪装，当士兵匍匐前进时，推动前面的伞，就可以给士兵提供良好的伪装而不被发现。

在静态作战时，阿勒伯格也会使用一些做工精细的假人来引敌军狙击手出洞。有些假人伪装精良，身着德国陆军制服，脸上带着面罩，嘴里叼着烟——实则吸烟这个动作是由狙击手的助手借助一根长橡皮管来完成的。也有的时候，他会给假人配上一把步枪，借由一个钢丝滑轮来射击。

阿勒伯格一直对他那把俄制狙击枪很满意，但在泽塔雷拉波，他有机会可以接触到其他步枪，其中包括普通步兵配备的 7.92 毫米口径的 Kar 98k 毛瑟步枪。因为它的性能稳定以及前拉锁闭系统，使得它比其他栓式步枪更为精准，所以这款枪也深受狙击手的欢迎。制造商和部队军械员将高性能的步枪稍作改进后，提供给狙击手使用。另外，他们也会给狙击手配备优质的弹药。针对 Kar 98k 毛瑟步枪，还配发了各种型号的望远式瞄准具，包括军用蔡司 1.5 倍和 4 倍瞄准具，以及市场上流通的亨索尔特瞄准具。阿勒伯格得到了一把配备了亨索尔特瞄准具的 Kar 98k 毛瑟步枪，他对这把步枪大为满意，并在以后的战斗中一直使用。

配发给狙击手的另一种步枪是瓦尔特 G43 步枪，该枪为自动步枪，内置望远式瞄准具底座，作为狙击步枪使用十分便捷。尽管该步枪具备只需扣动扳机就可以连续射击的优势，但却不受狙击手的欢迎，原因在于：它比 Kar 98k 毛瑟步枪重，远射程射击时不够精准，而且关键时刻容易卡壳。

阿勒伯格在执行任务时偏爱 Kar 98k 毛瑟步枪，马豪斯·海茨瑙亚也是如此，他还认为瓦尔特 G43 步枪压根不符合狙击手"一枪一命"的理念。

阿勒伯格以排名前三的成绩完成了狙击训练课程，之后他没有直接返回战场，而是获批了几天假期，回家见见家人。在前线作战将近一年后，阿勒伯格已经不再是当年那个乐观的乳臭未干的毛孩子了。现在，他是一个久经沙场的老兵，见证过各种血腥的场面，独自一人射杀过很多的苏联士兵。和很多其他前线士兵一样，他发现自己很难和家人讲述自己真实的战斗经历——即使是对他的父亲，一名参加过一战的老兵。这种莫名的感觉搅得阿勒伯格心绪不安，终于在告别了父母姐妹，登上前往前线的火车后，他才松了一口气。

阿勒伯格于 8 月中旬回到了第 144 山地团。尽管当时人人皆知苏联即将会发动一场进攻，但此刻山地团和罗马尼亚军队仍一起驻扎在一块安静的区域，处于相对安全的地带。但一个接一个的谣言让德国士兵对罗马尼亚士兵的可靠性产生了质疑。在 8 月 20 日苏联发动进攻的这一天，谣言变成了现实。三天之后，罗马尼亚政府发生了政变，新的领导人站到了苏联那边。这给正在和苏联军队正面交战的德国山地部队带来了巨大的难题，他们不得不兼顾和侧翼及后方的罗马尼亚军队作战。

在几次反攻被切断之后，德国军队不得不被撤退至喀尔巴阡山脉稳固防线。阿勒伯格和其他狙击手多次作为后卫去执行任务。相对于标准的后卫武器机关枪枪手，德国战地指挥官更偏爱使用狙击手，因为狙击手小组更为灵活，也更易逃脱。阿勒伯格也确实发现，一些优秀的狙击手可以完全中止苏联的进攻，而且还不被敌军发现。而相比之下，机关枪枪手则很快就会暴露位置而招致敌军的反击。

阿勒伯格现在使用的新型狙击步枪和瞄准具提高了他的射击精准度。6 倍的放大倍数不仅能放大目标的大小，而且在弱光环境下，借助这个更长的瞄准镜，成像清晰度也得以大大提高。

现在，阿勒伯格不单只是依赖缴获来的苏联子弹，他还可以用上正常供应的德国高质量子弹了。这其中包括观察弹——内含一个小炸药包，引燃后会冒出一阵烟，用以显示子弹落下的轨迹。阿勒伯格他们常用这个弹药来标出敌军机关枪和迫击炮阵地的界限，另外在干燥的天气中，还可以用来引燃茅草顶的木质房屋。虽然有很多骇人听闻的记录表明士兵们会把这种子弹用于人身攻击上（一颗高速射出的子弹打中身体后会引起爆炸），但事实上，由于这种子弹制造成本高，且缺乏常规弹药的精准度，攻击敌军时很少会用到。

在撤退回喀尔巴阡山时，包括阿勒伯格在内的一群士兵，亲眼看见了前面空地上的一队德国巡逻队员被苏军的猛烈炮火击中。只有一个德国士兵幸存，但也身负重伤，痛苦的尖叫声响彻了整个无人区。由于这位受伤的士兵躺在一块光秃秃的地方，任何试图营救的行为都无异于愚蠢的自杀。阿勒伯格的战友围到了他身边，恳求他结束这个士兵的痛苦。阿勒伯格犹豫了，但最后勉强答应了。阿勒伯格小心翼翼地用瞄准具瞄准了这个士兵的头，一阵反胃后，他扣动了扳机。一枪打出后，无人区又恢复了平静，部队开始继续撤退。

就在那一天，天黑之后，阿勒伯格他们侦察到约 150 米开外有一个苏军阵地，他们小心翼翼地绕了过去。在暮色之中，阿勒伯格透过望远式瞄准具看到了一个白色的物体，后证实是一名裤子脱到脚踝处、正在蹲着出恭的苏联士兵。阿勒伯格快速精准地击中了这位士兵的胃部。随后的惊叫声引得苏军朝着阿勒伯格侦察队的大致方向疯狂射击，但此时他们已经逃入黑暗中，早已没了踪影。这也算是给之前的那位战友报了仇。

在德军缓慢撤退回匈牙利的途中，阿勒伯格作为他所在营的指挥官——新近晋升的克劳斯上校的护卫，和上校的合作逐渐密切起来。阿勒伯格也十分乐于为克劳斯服务——两人之间仿佛有一种天生的亲近感。此外，为营总部服务，不仅给予了阿勒伯格更多的行动自由，也带给了他更好的伙食。正是在此期间，阿勒伯格得以使用了分配给第144山地团的三把瓦尔特G43步枪中的一把。阿勒伯格认为，这把弹容量为十发子弹的半自动步枪，虽不适合作狙击武器，但十分适合于中等射程的快速射击。有好几次这把步枪都发挥了巨大作用。

在防守匈牙利密什科尔茨城时，阿勒伯格被一块迫击炮弹片刮伤。这是他第三次负伤，但都是一些小伤。考虑到他经历了如此多的战争却依旧完好无损，仿佛有神灵庇佑他一般。克劳斯上校就没那么幸运了，在11月10日那天，他死于苏联红军的炮轰。对于阿勒伯格来说，这是一次空前的巨大损失，但他不得不适应身边人不断阵亡的情况。

回到原来的连队后，阿勒伯格受到了热烈欢迎。接着，阿勒伯格和连队的战友们一起，开始了前往德国残存的领土——斯洛伐克的塔特拉山脉的撤退。随着苏联红军无情地进逼，斯洛伐克对德国的忠诚度也在逐渐下降，当时已经开始有游击队埋伏在陡峭的山谷间伏击德军了。在撤退途中行经波兰南部时，德国士兵在一个村庄的边缘处发动了防卫战，当时德国军队和苏联部队之间的距离大约为500米——这个距离正适合远距离狙击。

严格遵循不在同一处开超过两枪的重要原则，阿勒伯格在村子里的阁楼屋顶上搭建了好几处狙击平台。另外，根据自己之前所接受的狙击训练，在子弹射出的那一刻，他会敲击石板或屋面瓦来掩盖子弹射出的位置。射杀那些错误地认为德国防线远在对面而自己就很安全的苏联士兵，对于阿勒伯格来说，自然不是难事。

最终，被激怒的苏联红军战区指挥官下令使用一台轻型反坦克炮炸毁德国狙击手的藏身处。然而，三个机组人员丝毫没有意识到面前的危险，他们朝正对着阿勒伯格的方向，推着反坦克炮出发了。结果，阿勒伯格的头两枪各自击毙了一名炮兵；至于第三名炮兵，他不但没有逃跑，而是努力地搭救自己的战友。当他架着战友逃跑时，阿勒伯格的第三枪射中了他。在那天剩下的时间里，这台反坦克炮一直静静地待在原地，直到天黑后才被拖走。

1944 年 8 月 20 日，为鼓励射杀人数多的德国狙击手，上级给他们颁发了神枪手特别奖章——椭圆形奖章，可缝在袖口上，中间是一个鹰头，四周环绕着橡树叶。奖章共分三个级别：第一级别奖励给确认射杀人数达 20 人的狙击手；第二级别奖励给确认射杀人数达 40 人的狙击手；第三级别奖励给确认射杀人数达 60 人的狙击手，只有少数的狙击手获得了奖章。到了 1945 年 3 月初，阿勒伯格同时获得了所有级别的特别奖章。尽管阿勒伯格对此十分高兴，但他一个奖章也没缝在袖口上。因为他十分清楚，一旦被敌军发现这样的奖章，则必死无疑。他只是把这些奖章装进了一个信封，寄回给了在奥地利老家的父母。

1945 年 4 月初，鉴于阿勒伯格在东部战线的杰出贡献，上级授予了他一级铁十字勋章——一枚他早该获得的奖章。根据他的传记作家——阿尔布雷特 · 瓦克回忆，在同月稍后的时间里，他还获得了一枚骑士铁十字勋章，但是官方文件并没有任何关于该奖项的记录（一张模糊的相片显示，阿勒伯格脖子上确实带着骑士铁十字奖章，但仅凭这张相片并不能充分说明其真实性）。

至此，战争终于要结束了。到了 5 月初，第三山地师不得不撤退至捷克奥尔米茨（今捷克奥洛穆克）。一时间流言纷传，说苏联红军攻占了柏林，希特勒元首也已经死了。5 月 9 日，纳粹国防军最高指挥官确认了这一谣言，命令军队放下武器，结束敌对行动。然而第三山地师的指挥官——陆军中将保罗 · 克拉特，却拒绝向苏联红军投降，而且相反，他下令要竭尽所能向西前进抵达美国陆军防线。

当山地部队的大多数人都在向西行进时，阿勒伯格和另一位名叫彼得·戈洛普的士兵组成了一个小组，决心向正南方行进，逃回奥地利。但是一道难题摆在了两人面前：整个行程大约为200公里，一路上还要躲避那些想要复仇的苏联红军和捷克当地的武装团伙。在出发之前，阿勒伯格销毁了自己的狙击步枪——这是个艰难的决定，但是从现在开始，他将不再需要狙击步枪，而且如果被抓到携带狙击步枪，必定是死路一条。这一路上，他只能依靠一把MP 40自动手枪防身。

他们决定在夜间赶路，白天为避免被平民或是敌军巡逻人员看到则躲藏起来。到了第二天晚上，他们实在饿得不行了，就来到了一所偏僻的农舍想要讨些食物。因为当地有很多苏台德德国人，而且这间屋子看起来是德国建筑风格。当一名男子打开卧室窗户，然后用一口支离破碎的德语对着他们大声说话时，阿勒伯格立刻反应过来他是捷克人，于是赶紧退了出来。但是戈洛普急于找到食物，走得更近一些，结果没来得及跑出来就挨了一枪。阿勒伯格帮助他躲进了附近的灌木丛中，但伤口是致命的，几分钟之后他就去世了。

阿勒伯格变成孤身一人了，在和别人打交道时，他依靠自己的出色作战技术进行判断，变得更加谨慎了。有一次在躲藏中，阿勒伯格听到了德国人的声音，并且听出他们就是山地师的士兵。于是阿勒伯格加入到了他们的行列中，继续向南行进。在躲过一次捷克游击队的进攻后，一直到阿勒伯格和其他三名同伴看见一间农舍时，这才反应过来他们已经走出边境15公里了。他们终于回到了祖国。

随后，在林茨附近，他们被占领当地的美国军队抓获了，接着被送到了位于毛埃尔基兴的临时战俘营。在那里，他们继续列队行进。但很快，美国当局因无法管理这些数量与日俱增的囚犯，决定放掉那些能行走的伤员。阿勒伯格成功地劝说美国狱警把他放了，好让他照顾受伤的战友。阿勒伯格终于自由了，他回到了老家，终于得以和父母姐妹团聚，一家人相见时泣不成声。

在东部战线两年的血腥战斗后，阿勒伯格不可避免落得伤痕累累。但是，和其他很多士兵一样，他把那些残酷的经历深埋在心里，很少提及在前线的经历，只是万分庆幸自己在战争中活了下来。他之前对于旅行和探险的兴趣被战争的经历磨得一点不剩，只想平静地过日子。后来他又干起了木匠的老本行，最终接管了父亲的生意。和其他著名的狙击手类似，如扎伊采夫和海耶，他们都拒绝活在聚光灯下，而是享受安逸的生活。

战后，在众多和阿勒伯格打交道的人中，几乎没有人知道，眼前这位谦逊的生意人竟是有着辉煌战绩的国防军顶级狙击手——官方记录的杀敌数为257人，不包括很多未被记录下来的数字。当被问及除了枪法之外，一名狙击手所需的主要品质还有哪些时，他答道："冷静、良好的判断力以及勇气。"自然，这些品质阿勒伯格完全具备；此外，还有一个品质就是谨慎，正是谨慎帮助这位奥地利狙击手在战场上活了下来。2010年3月2日，阿勒伯格以85岁的高龄告别了这个世界。

第九章　帕特里克·德夫林：战斗的爱尔兰人

丹·米尔斯

1939年8月31日晚，纳粹军队冒充波兰游击队，攻占了位于西里西亚的格莱维茨电台，并通过无线电波发送了一条反德的广播。事情发生在纳粹党计划入侵波兰的前夕，显然这是一个诡计——制造虚假的挑衅行为，给德国入侵波兰提供正当理由。德国启动了希姆莱行动，在邻国边界制造了21起事端，种种行为都是为了制造出波兰挑衅德国的假象。所谓的报复进攻开始了，9月1日，德国从北面、南面和西面三个方向入侵波兰。大约在黎明时分，德国的坦克、步兵和骑兵发起了进攻，共五支军队，总人数达150万。波兰人明显不是德国人的对手，很快就撤离到了事先设置好的防线内。然而，到了9月17日，苏联也开始进攻波兰，很快波兰就被包围了，所有的反抗都变得徒劳无功。残存的小股反抗势力，到了10月6日，也都悉数被消灭殆尽。9月3日，英国和法国对德宣战。再一次，这个世纪又卷入了世界大战之中。

继波兰投降两年之后，也就是二战爆发后的第三年，一个17岁的年轻男子匆匆离开了爱尔兰的中部城市戈尔韦。离开学校之后，他径直越过边境来到了北部县城，于1941年7月1日这一天，在位于贝尔法斯特的克利夫顿街军队招募办公室志愿报名后，迅速投入到了抗击德军的战斗中。这个年轻人正是帕特里克·德夫林。为了避免报名不被通过而错过战斗，他谎报了自己的年龄，声称自己已经20岁了。随后，编号为6410458的列兵帕特里克·德夫林被送往了英格兰战场。

这的确是一场大冒险的开始，在“霸王行动”中，这个年轻人就从英格兰的基本训练中来到了诺曼底的桥头堡。也正是这次冒险，造成了他在横渡莱茵河后穿越法国时负了伤。

英国

英国军队中并不是只有帕特里克·德夫林一个爱尔兰士兵，他的很多同胞都来到了英国军队，以至于后来有些前线兵团里的爱尔兰士兵占据了大多数。这导致了部队里常常发生争斗，一个名叫蒙蒂的军官对此很不满，就下令把爱尔兰士兵分离开来，以一个个小单位分散到步兵团以示惩罚。德夫林被分配到的第一个团是位于科尔切斯特的苏塞克斯郡皇家军团第8营。随后，在与加拿大的一场大规模作战后，蒙蒂解散了这个营。接着德夫林就被送到了位于西萨里的女王皇家军团第11营。

在为诺曼底登陆进行的训练中，德夫林志愿加入了一个全部由爱尔兰士兵组成的全新空降部队。很快，这支部队发展成为了一支爱尔兰伞兵营，作为旅的一部分，即将在登陆行动中发挥重要作用。然而，在集结完志愿者后，高层却又进行了重新考虑。指挥官不想把所有的爱尔兰士兵集结到一支部队，担心发生类似之前的纪律问题。最终，指挥部决定把这些爱尔兰士兵分散到各空降旅。步兵德夫林被分配到了阿尔斯特皇家步枪第1营C连第18排，该部队隶属于第6空降师第6空降旅，由理查德·盖尔少将率领，即将执行诺曼底登陆计划。

这一次德夫林成为了营里的一名侦察兵兼狙击兵。第一次世界大战结束后，英国大多数步兵军队的战争训练中不再有狙击手训练和培养这一科目。在两次世界大战之间的时间里，狙击训练没有丝毫起色，直到1939年，战争再次爆发时，狙击仍被认为是一项低级的技能。就连狙击步枪也供应不足，以至于一战时的那些没有卖完或未被使用的老式步枪，也都拿出来重新投入使用。战争初期，因为对狙击手的迫切需求，法国成立了一所小型训练学校，后来在海斯也有了一所。但即使到了敦刻尔克大撤退时，狙击这项急需的技能也没被重视起来。然而到了诺曼底登陆时，情况则变得大不一样了。英国陆军狙击手个个装备精良，训练有素，步入了专家行列。

在“霸王行动”的前夕，据德夫林所言，狙击手所配备的工具和设备有：

> 口径为0.303英寸的英国李-恩菲尔德步枪，32号望远镜，GS手表，丹尼森罩服，面纱，双筒望远镜，Mk3罗盘棱镜，2枚36号米尔斯手榴弹，50发子弹的子弹带，水瓶，5发追踪弹，5发穿甲弹以及应急口粮。

1942年期间，组建的战时步兵部队包括8名狙击手：1名军士、1名下士、2名准下士以及4名列兵。特别部队的狙击手人数则更多一些，一支伞兵部队有32名狙击手，一支空降部队则有38名狙击手。在诺曼底登陆之后，法国又成立了一所狙击兵学校用以训练狙击教练。训练达标的教练随后便回到各自的部队，开设基本课程来训练各自部队里的狙击手。

1942年之后，一战时期使用的李-恩菲尔德短步枪和作为备用的李-

恩菲尔德P14步枪，被配备望远式瞄准具的李-恩菲尔德4号MK 1步枪正式取代。和之前的步枪一样，这款步枪仍为杆栓式枪机，弹匣弹容量为10发子弹，并配备3倍望远式瞄准具（即32号望远镜）和一个机械瞄准具。这些狙击步枪是从标准的工厂生产线上挑选出的精品，然后拆开改装，并安装上木制腮托板。在此阶段，标准弹药也供应正常。

汤加行动

汤加行动是诺曼底登陆行动中英国空降部队的行动代号。其中，伞兵和滑翔机部队先行登陆，为海上进攻争取时间，进而保护剑滩内陆，即“霸王行动”的东侧。此次行动的目标是占领卡昂运河和奥恩河上的两座重要的桥梁，即后来的佩加索斯桥和霍萨桥，并摧毁德军的多处阵地，包括会严重危及登陆士兵的性命的梅维尔炮兵连。所有的这些行动都是为了防止德国第21装甲师再次冲向盟军占领的桥头堡，将盟军赶回到海里。

和其他士兵一样，德夫林被分配到了刺钢丝临时营地，这种营地遍布整个英国。这种小型临时营地是安全防护的一部分，刺钢丝不仅可以抵挡敌人，也可以为作战士兵提供藏身处。

此时，部队接到了关于诺曼底登陆的命令，每个人也都分配到了具体的任务。指挥官坐在桌子旁，给每名士兵发放了200法郎以及3枚避孕套。德夫林答道：“长官，我们是去打仗的，不是去生孩子的。”连队军需官见状赶紧劝他拿着，不要的话可以送人。

6月5日，24000名士兵，在英国的22个机场，登上1200架运输机和700架滑翔机出发了，第一皇家阿尔斯特步枪团登上了霍萨滑翔机。在这些分散在各架飞机上的750名士兵，每一排的每一名士兵都做了标记。

同样隶属于第 6 旅的第二牛津郡和白金汉郡轻步兵，也做了标记，作为即将第一批出发的部队。然而第 12 德文郡团就没有那么幸运了。英国皇家空军的哈里法克斯和斯特灵拖船已经尽数用完，德文郡团不得不通过海运来赶上其他部队。

德夫林把脸涂黑，将李-恩菲尔德步枪放在臂弯里，登上了滑翔机。他选了一个左手边靠窗户的位子，因为他喜欢将目光停留在出口门上，而这个位子正是绝佳位子。起飞之前，拖曳飞机俯冲而来，接着放下了拖曳绳。第 18 排的士兵在跑道上停了下来，这一次，负责拖曳滑翔机起飞的是一辆拖拉机。就这样，帕特里克·德夫林坐上了这次空降行动中的最后一架霍萨滑翔机。

诺曼底

夜间的风力很强，栓在拖曳绳末端的滑翔机，随风四处晃动。借助月光，透过云层间的空隙，德夫林可以时不时地看到向前行进的庞大舰队。

在诺曼底上空，一根根拖曳绳被放了下来，成百的滑翔机往各自的降落区域驶去。紧跟在伞降信号员其后，第一批登陆部队——第二牛津郡和白金汉郡轻步兵，已经在目标桥梁顺利着落。第一皇家阿尔斯特步枪团也在朗维尔附近登陆了。口哨声吹响后，士兵们集合到了一起，各连队迅速集结完毕后，开始去完成各自的任务。C 连队在途中已经集结完毕，此刻穿过朗维尔低地朝一块形似“圆环”的地区进发了。“圆环”这一称呼的源于该区域在地图上的形状。在行军的途中，帕特里克生平第一次见到了战死的德国士兵。这名德国士兵很可能是来自于德国第 6 伞兵团第 1 营。第 6 伞兵团是在此地作战的德国精英部队，负责执行异常艰难的后卫行动。

到达“圆环”之后，德夫林及其他战友就接到了一道命令——在夜色的掩护下挖掘战壕，为通往圣奥诺里内－拉沙尔东的道路提供掩护。同时这也是为了6月7日早上，当营里剩余部队经由隆格瓦勒向村庄发动进攻时提供火力掩护。

尽管从总体情况来看，这一次行动是成功的，但是很多部队仍处于兵力不足的状态。例如，在滑翔机和伞兵部队降落时，强烈的风力造成了降落位置的偏离，结果登陆的那一天早上太阳升起后，很多士兵还没能抵达目标位置。另外到达位置的部队不得不以比预期中少得多的兵力进行攻击。至此，所有的任务都完成了，防守桥头堡的所有部队也都全部到位了。

然而，他们也犯了错误。第二天拂晓时分，他们发现第二分队的位置错了——他们连村庄都看不见，更别提提供火力掩护了。这种方位错误在战争中是常有的事。士兵们本已疲惫不堪，还要在黑夜中摸索，再加上军士们又监管不力，所以犯这种错误是常有的事。

第一波枪声在头顶响起，令驻守山顶的士兵们高兴的是，两架喷火式战斗机追逐一架从海滩袭击中逃离的容克斯88轰炸机，最终在阵地的正前方将其击落，整个战壕都欢呼雀跃起来。看到此番场景，防守圣奥诺里内-拉沙尔东的德国士兵向皇家阿尔斯特步枪团阵地发动了炮轰。就在皇家阿尔斯特步枪团以密集炮火发动进攻之后，他们又学到了一个经验教训——即刻开始挖掘战壕来提供更多的掩护。在一阵持续的炮轰之后，迎来了一片安静，看来德夫林和第二分队只能自求多福了，剩余的士兵没有向这支小队伍传达任何消息就转移阵地了。阿尔斯特步枪团的进攻已变得步履维艰，更令他们震惊的是，等到战局糟糕到了不能再糟糕的时候，有士兵侦察到了一群坦克正驶离村庄，朝第二分队的方向径直驶来，企图一举歼灭他们。德夫林迅速地把量程卡片和所在阵地的全景示意图收了起来，准备撤离。在部队指挥官的率领下，他们撤退到了朗维尔——第一个解放的法国村庄。

他们一到达村庄后，就有一个伞兵哨兵告知他们，阿尔斯特步枪团的进攻失败了，战败的兵团此刻正往隆格瓦勒撤退。德夫林握紧了狙击步枪，继续跟随第二分队向前行进。随后，他发现连队的剩余人员正在占领的"天路"上的一块区域挖掘战壕。第18排的士兵借助一条低洼道路的弯道和其他排联通了起来。第二分队也加入他们，迅速地挖起了战壕，等待着德军的反攻。作为狙击手的常规任务，德夫林则沿着在挖的阵线往前行进，一直到恰好听不见挖掘声的地方，在那里给连队的士兵们把风。

但是德军并没有进行反攻，当天连队的士兵们又接到命令前往隆格瓦勒村庄的南端，进行第三次战壕挖掘工作。德夫林在之前作为德军总部的地方新挖了一个掩体，后来成了团里的救护站。一挖好掩体后，德夫林就立刻重新制作了新的量程卡片和所在阵地的全景示意图，并且标明了距离和参照点，这些有助于他定位敌军位置和控制火力。最后，德夫林终于可以喝上了点啤酒，吃了点东西来填饱肚子，当然他不会忘记清理自己的狙击步枪。6月7日余下的时间便在平静中过去了。然而，作为夜间常有的事，他们遭到了袭击，但是这一次是因为己方的两架喷气式战斗机把他们误认作了德国人！在6月5日至7日三天，该师损失了800人。

夜间巡逻

18排年轻的排长，就是之前把第二分队留在"圆环"的迈克·布伦中尉，现在接到命令要在6月9日晚前去侦察先前的阵地。为协助完成此项任务，他挑选了侦察兵兼狙击手德夫林带路，他希望能够顺利侦察目标阵地，然后安全返回部队。他们具体的任务就是侦察第二分队之前所在的阵地现在是否已被敌军占领。对于德夫林来说，这是狙击手的常规任务，对此他已经相当熟悉。为了尽量保持隐密，巡逻队的规模很小，只有三个人。第三个人是闲不下来的杰洛帝·吉布斯淮下士，在行动中由他负责殿后。

这次巡逻对于德夫林来说是有益的，其间他可以运用上自己的巡逻技巧和积累的一些实战经验。巡逻途中，他们碰到了一支单独行动的伞兵巡逻队，在交换暗号后，对方告诉他们敌军就在山上，就这样，他们确定“圆环”已经被德军占领。在离开相对安全的防守阵地后，德夫林向巡逻队发出了停止行进的暗号，接着他们花了几分钟来调整自己的视力和听力，以适应周围环境。

随后，德夫林一干人等继续前进。由于之前对这块区域已经比较熟悉，加之又足够的小心，他们一直爬到了能看见战壕的地方。接着他们躺下来，监听德国人的谈话。任务完成后，德夫林带领巡逻队心满意足地回到了总部，甘恩中尉随后做了相关通报。

几天后，又一项狙击手任务下达了。C 连队的指挥官想让德夫林侦察搜寻一栋建筑里的一名德国狙击手。该建筑位于村庄外大约 100 米处，站在上面可以俯瞰到己方的防御阵地。帕特里克拿上狙击设备，往谷仓方向出发了。

为确保自己不被敌军的瞄准具观测到，在沿街行进的一路上，墙壁、巷子、窗户、门廊和花园都成了德夫林的藏身处。他十分清楚德国机枪的优越性，担心自己会在大街上被敌军或是搜寻的那位狙击手干掉。为了寻找到一个合适的狙位，他一间屋子一间屋子、一个花园一个花园地进行排查，一直持续到倒数第二间屋子。这间屋子是一座谷仓形状的两层石屋。德夫林认为这是一个可以用来搜索躲在不远处木质谷仓里的敌人的绝佳位置。

德夫林选中了倒数第二间屋子，在那里，他发现了一个法国妇女。但这个妇女不敢直视他，只敢偷偷地看他几眼来暗示他之前子弹射出的位置。随后，德夫林穿过这间屋子，来到了最后一间。在这里，他明白了在石屋里看到的情景。他原打算进去揭掉几块屋顶瓦片，使用其中的一个洞口来作为射击位置，但后来又放弃了这个打算。他想，尽管表面没有什么异样，但这间屋子却一直处于监视之下。他并没有进屋，而是躲在阴影里，避开一切敌军目光所能及的地方。德夫林找遍了整间屋子，但是没有找到一个合适的狙位。

德夫林并没有耐心地待在观察位置上等待敌军的出击，令一直跟在他身后的连长失望的是，垂头丧气的德夫林径直跳到了大街上，单膝跪地，朝着谷仓的方位开了两枪。德夫林希望这样可以诱使敌军暴露自己的位置，同时借助掩护火力让自己看得更加清楚。就在那一瞬间，连长一把抓住他的肩部，把他拉回到了隐蔽处。就在这时，德国狙击手一连开了好几枪。

这种通过吸引敌军开枪来确定敌军位置的办法只有在别无他法时才会用到，因为这种方法危险性极大。这种任务通常会分配给下级部队里无足轻重的士兵来做，而不是给作为部队里宝贵财富的狙击手！在这种情况下，德夫林的举动导致了这两名狙击手之间的对决。对决持续了一段时间后，德夫林想起之前密集的枪火，才醒悟过来敌军狙击手不止一名。

当德夫林在谷仓奋战时，由于德军的不断反攻，连队的其他士兵正大批地阵亡。随后，他就接到命令收拾装备，返回连队。接下来的几天里，战壕里的战况依旧不乐观。一直到第 51 高山师团的第 5 卡梅伦高地人部队的到来，他们才松了一口气。占据了阿尔斯特步枪团士兵的开火位置后，这些苏格兰人开始吹嘘起来，要展示给爱尔兰人看看仗是怎么打的！高地人发动进攻了，但这些自吹自擂的苏格兰人并不能坚持多久——不出几分钟就被打败了，然后在阿尔斯特步枪团士兵的协助下逃了回来！之后，阿尔斯特步枪团又迅速地在这些如此轻易就被苏格兰人放弃的战壕里重新安置了士兵。

在此之后，德军又发动了轰炸。德夫林已经有过一次类似的经历。在一次狙击行动中，他陷入了敌军的轰炸之中。当时，只有一棵小树作为隐蔽，德夫林在炮火下躺在地上长达30分钟。这也是二战期间，狙击手不受身边战友欢迎的原因之一。狙击手在前线或无人区的任何举动都会轻易地招致该地遭受炮轰的后果——就是由于狙击手的现身，曾经一派祥和的地区瞬间化为一片战火。因为间接火力是杀死一名狙击手的有效办法之一。

1944年6月后半月和整个7月，诺曼底战场上的战争陷入了僵局，对于盟军的登陆行动，德军迅速地予以回应，使得桥头堡并没有很快被攻破。相反，盟军每前进一米，都要奋力抗争。德国狙击手给盟军造成的损失非常之大。他们利用能遮挡视线和枪火的诺曼底矮树丛，隐蔽得十分巧妙。首先，这块名叫诺曼底瑞士的美丽的小地方，有着起伏的群山、浓密的矮树丛、小溪、河流、果园、错落有致的田地以及浓密的森林、石结构的城市和风景如画的村庄，易守难攻，这一点对于德国人来说极为有利。另外，德国人的战术高超，经验丰富，即使是在遭受重创之后依旧能够保持战斗能力，对于他们而言，一支溃不成军的部队仍在奋力抗战是很正常的事。参与后卫行动的德国部队，顽强且足智多谋，这一点在盟军部队也是众所周知的。

受过严格训练的侦察兵狙击手，被认为是部队里作战技术最为高超的一群人，但这群人里的佼佼者却是可遇而不可求。原因在于，由于他们的专业技能，他们通常率领最高级别的巡逻队或是为连队指挥官或营总部献言献策。不幸的是，通常年轻的指挥官们很难相信狙击手的话，不但不会采纳他们的建议，有时甚至会怀疑乃至漠视他们。而这些可能会导致灾难性的后果，正如德夫林于1944年6月底所遭遇的那样。

在为B连队执行侦察任务时，德夫林接到命令潜入敌军阵地，协助B连队抓捕一名囚犯。狙击手们熟悉作战地带就像熟悉自家的后花园一样，很快，这些地理知识都派上了用场。德夫林带领一个排穿过己方防线，来到了正对着敌军的无人区。在还没走过哨兵所，仍处于相对安全的地带时，就有一个士兵不愿冒生命危险，假装生病不愿前进。德夫林弄清楚情况后，摇晃着他的头，然后接着说道，他早看出这个排的军纪涣散，发生这样的事是早晚的事。他打算带领他们到达上次巡逻时看到的一个哨兵机枪阵地。就他自已而言，这些不过是些常规任务。

因缺乏预期目标而停止前进后，德夫林被叫到了排长的跟前。他向排长报告了德军阵地的准确位置，接着整个排就乱成了一锅粥。这位年轻的指挥官批评了德夫林的行为，并且拒绝接受他的建议，声称敌军绝不可能驻扎在德夫林所说的地区的附近。他沿着树篱快步走到德夫林指给他看的地方——那里正驻扎着德军！遇到危险之后，这位有勇无谋的长官径直跳进了树篱，用他的斯特恩式轻机枪朝德军开了一枪，结果引来了敌军机关枪的扫射，这位长官再也没能走出来。德国机关枪开始扫射这片区域，排里剩余的士兵都赶紧逃回了防线内。士兵们任由这名长官自生自灭，没有一个人上前去帮他一把。而德芙林尽管意见没被采纳，却不想让上司落得如此下场，但独自一人也是无能为力，也跟着其余士兵逃了回来。到达防线后，哨兵告诉他“混乱状态”已在二十分钟前平复。事后，德夫林关于所发生的事情写了一个详细而坦白的报告，交给了总部。

战后不久，除了那些受伤的和住院的人员之外，德夫林拿到了一个

“战争失踪人员”的很长的名单。他唯一能记得的一个人就是那名悲剧的连长，德夫林断定他已经死了。

在“霸王行动”的第一阶段，盟军的伤亡人数，包括被杀的、受伤的、失踪的和被俘的，估计达10000人左右，德军则为4000至9000人。至于第一皇家阿尔斯特步枪团，死亡85人，受伤235人，失踪35人。而受伤人员之一就是德夫林的连长，事后又回到了C连，在突围之后，带领C连抵达了塞纳河。

在奥恩河东部防线的多周奋战之后，很多空降兵都迫不及待地想要离开桥头堡继续前进，不愿再充当普通步兵的角色。8月中旬，继续前进的命令终于抵达了。第6空降师的战区转移到了位于奥恩河和塞纳河之间的空旷的乡村。德夫林所在的第一皇家阿尔斯特步枪团以及余下的第6空降师开始了行军，在撤退至勒阿佛尔港口附近的塞纳河的途中，他们仍在不断地骚扰德军，并夺回了多维尔、特鲁维尔和翁弗勒尔。

在进军德国之前，统帅部决定进一步控制和协调所有的不同种类的空降部队，成立一个统一的空降部队统帅部。于是，1944年8月，盟军第一空降军团成立了。该部队由几支美国空降部队和所有英国空降部队组成。几周之后，这个新成立的军队迎来了它的第一个任务——“市场花园行动”。这个行动的准备工作早在进行当中，但由于第6空降师长期在诺曼底浴血奋战，所以没有参与准备工作，而是都休了假回家去了。用事后德夫林的话来说，“因为运气好，我避开了阿纳姆混战。”

1944年9月初，全体第6空降师被送回到英国进行休整和重组。士兵们经由建在阿若曼榭的桑葚港离开。这两个为诺曼底登陆而修建的临时港口，其用途就是用于运载士兵和装备。英国制造的各种码头和挡水板，在英吉利海峡上，一个接一个缓缓地前进着，一直前进到登陆海滩，然后抛锚泊船——这可谓是军事工程上的一项壮举。桑葚A港建造于奥马哈海滩的滨海圣洛朗，供美国军队使用；桑葚B港建造于阿若曼榭的黄金海滩，供英国和加拿大军队使用。

回到英国进行一段时间的重整后，德夫林和他的战友们于12月下半月启程重返战场，在节礼日那天抵达了比利时。在极度寒冷的天气中，他们在阿登森林里，和德军展开的一场大规模会战，持续了一个月之久。通过发动突出部之役，希特勒企图夺回在诺曼底战役初期阶段失去的主动权。到1945年2月底，历经在前往马斯河一路上的浴血奋战，以及占领布雷斯和瓦夫尔的多个村庄后，第6空降师又再一次被送回到了英国。之后于索尔斯堡平原，他们在为下一场、可能也是他们的最后一次行动——横渡莱茵河做准备。

强渡莱茵河

盟军第一空降军团的第18军策划了“大学作战”，由马修·里奇韦上将率队执行。盖尔中将已晋升为副军长，由埃里克·波尔斯少将接管第6空降师。“大学作战”是二战中规模最大的空降作战。该行动计划利用滑翔机和伞兵对德军施以重击，阻止德军地面部队对强渡莱茵河的反击；另外，在阿纳姆地区，只有在大白天才能实现这一计划。

在过完一个很短的探亲假后，帕特里克·德夫林又一次投入到了大规模行动的准备中。他来到了另一个位于埃塞克斯的刺钢丝临时军营，在听取了关于即将来临的行动的简要介绍后，按照惯例，他和其他的士兵都不得离开营地。在此期间，德夫林开始怀疑自己志愿重返战斗到底是不是一个正确的决定。

在戈尔韦家中，他的母亲给他了很大压力，劝阻他不要再回到英国，再回到战场上。他的母亲甚至还请了一名牧师到家中来劝说他，他们对帕特里克说：“毕竟，这不是我们国家的战争。你就做一个普通的小伙子，没有人会因你没有返回战场而说你坏话。爱尔兰是中立国呀。”

帕特里克向父亲咨询意见。他的父亲对他说：“孩子，决定得你自己做。”德夫林的态度很坚决，没有再做停留，他选择了即刻回到前线。但是现在，就在行动的前夕，德夫林被再一次监禁了起来，不过这也让他有了空暇时间，可以好好思考自己如此急切地返回前线的这种愚蠢的勇敢。

1945年3月24日

凌晨2点45分，士兵们早早地起床了。早饭过后，一辆卡车把他们送到了位于科尔切斯特附近的利文霍尔，即英国皇家空军驻扎地，他们将在那儿登机。接着，一下飞机后，士兵们就径直走向各自的滑翔机，成百的滑翔机遍布了整个机场。离出发还有好几个小时，士兵们不得不在黑暗中踢足球来取暖。当时，天气情况良好，是适合早上飞行的理想条件。

一如既往，每个排都分到了一架滑翔机。登机之后，德夫林和执行诺曼底登陆任务时一样，依旧坐在窗户边的同一个位子，目光停留在出口门上。根据之前经历，他知道一登陆之后，滑翔机很快就会被敌军击毁。他希望登陆时能够第一个冲出去，而不是还要一个个排队出去。“大学行动”是史上最大规模的空降行动，单次共出动了1348架滑翔机、1696架飞机以及21680名伞兵。

滑翔机平稳起飞后，德夫林在机上打了3个半小时的盹，可能是带着“年轻人无忧无虑的态度”，认为“倒霉的事情不会发生在自己身上”，德夫林这么想着，心情就轻松了许多。战后，德夫林表示，尽管乘坐滑翔机作战仍然危险，但总不比在陆地上行军伤脑筋。由于滑翔机的气流声很大，坐在上面不怎么能听到其他声音。

一到达登陆区后，情况就大不一样了。德夫林立刻就听到了战斗的声音，遍布战场的烟雾和灰尘又增添了几分混乱。上午 10 点 30 分的时候，拖船抛下拖曳绳，随后飞行员将滑翔机开到了最终目的地——U3 着陆区。滑翔机确实是在正确的着陆区降落了，但却降错了边，着陆点距离目标位置还有很长一段距离。然而，这个错误却成了意外的幸事。参与这次行动的五架滑翔机中，有一架被严重击毁了。正是由于这个着陆错误，德夫林所乘的滑翔机避开了敌军的大部分火力。这就是帕特里克 · 德夫林的第二次空降行动。

第 6 空降旅的任务最为艰巨，即占领哈明克尔恩镇和伊塞尔河上的桥梁。18 排最初的任务是将哈明克尔恩镇的南部和几公里外的伊塞尔河联通起来。运载 18 排的滑翔机降落在了一块耕过的农田里。滑翔机刚一停下，当其他士兵还在小心翼翼地打开舱门时，德夫林就已经快步冲到了门口，纵身一跃跳下了地面，随后沿着滑翔机机身一路小跑，找到了一个开火位置。与此同时，他发现了躲在约 50 米处两层农舍前门处的两名德国人正在朝他开火。一个德国士兵趁士兵走下滑翔机时，用他的 MP40 冲锋枪，朝着滑翔机猛烈开火。德夫林连忙开火予以回击，把这两名士兵逼进了农舍内。要不是德夫林反应迅速，谁能料想这两名德军会对这个空降部队造成多大伤害呢。

就在此时，两辆敌军装甲运兵车从农舍后面快速驶出，但此时还不清楚它们是前去增援还是逃跑。不管是哪种情况，在这两辆车快速行进时，德夫林还是击毙了几名士兵——这给他增添了几分斗志。排长辨认出部队所处的位置，士兵们重组完毕后，他们开始向目的地进发。

第二分队沿着联通道路的方向，不断地占领据点，穿过耕过的农田继续前进。帕特里克·德夫林认为行进在开阔的田野里过于明显，所以他决定沿着树林边的一条沟渠行走。然而，正当他往沟渠靠近时，他发现了一个德国 MG34 通用机枪组，看似正在清理机枪里的阻塞物。帕特克里清楚，他一定要在德国人清理完成之前，把对方撂倒，再到达沟渠。但当前进到距离机枪组不到 100 米的地方，敌军首先开火了。子弹击中了帕特克里的胳膊以及背部右侧。帕特克里的武器掉到了地上，他的脸部着地，接着便一动也不动了。德国人以为已经击毙了他，所以没有再朝他开枪。子弹的冲击力把他的右臂打折了，他感觉到血流从他的右腿汩汩而出。

德夫林不得不在那儿躺了好一段时间。终于在德国人离开之后，有几名滑翔机里的飞行员路过这里。德夫林急忙呼救，这着实吓了他们一跳——他们误以为德夫林已经死了。德夫林请求他们能把他挪到沟渠里去，但令德夫林愤怒的是，他们并没有理会他，而是继续前进。好在德夫林拥有真心实意的朋友——很快，步兵伯蒂·伯查尔就返回来找到他。但仅凭他一人之力拖不动他这位受伤的朋友，他很快带回来了另一名步兵麦克雷。这时，他们发现从德夫林腿上流出的“血”实际是士兵们茶点时喝的炼乳！之后，这两人拖着德夫林，往团部急救站走去。

就在救护站外面，散落着一架被击碎的滑翔机：部分零件散落在路上和沟里，处处透露着战争的气息。在前往团部急救站的路上，这三人遭遇了不少于两辆敌军车辆的袭击。一次是八个轮子的装甲运兵车，正在疯狂地扫射着四周。扶着德夫林的两个人开始恐惧起来，后来干脆松开了手，奔跑着寻找掩护。当一台反坦克发射器击中了一辆德国车辆时，德夫林跌倒在了沟渠里。紧接着，这辆被击中的德国车辆也翻到了沟里，就倒在德夫林和被击碎的滑翔机的旁边。车里的两名士兵尝试着爬出来，然后想要借助德军猛烈的火力作为掩护逃走，但是他们正是双双都被击毙了。战役结束后，德夫林终于抵达了急救站，医务人员治愈了他的伤。

人员伤亡

盟军在这次空降行动中的伤亡人数，比起初策划这个行动时估计的要少，但伤亡数字仍然很庞大，主要是因为行动是在白天进行。在登陆的 7220 人中，作为第 6 空降师的部分兵力，在“大学行动”的第一天的晚上，就有大约 1400 人阵亡、受伤或失踪。德夫林对这个数字感到很痛心，伤亡人员中包括迈克·甘南中尉以及他的排长。

对步兵帕特里克而言，战争已经结束了，沿着伤员疏散路线，他被送回到了英国。首先去了急救站，然后回到了莱茵河桥头堡，到达新建的活动便桥，之后又回到了河对面的战地医院。从医院出发，他还去了戈赫和温雷，当时就是在这里他的胳膊打上石膏的，接着他又去了比利时的布鲁日。最后，他乘飞机到达了位于威尔特郡的英国皇家空军莱纳姆基地，登陆之后，他被送到了贝辛斯托克医院，接受进一步的治疗。

行囊终于回到了德夫林的身边，在欧洲胜利日那天，也就是 1945 年 5 月 8 日，德夫林穿上自己最好的制服，偷偷离开医院三天。后来他自己承认，他去了伦敦，他“欢呼了起来”！回来后，他被狠狠地训斥责了一通，接着就被送到了沙夫茨伯里的一所军事医院，这所医院则要严格得多，想要潜逃就没那么容易了。不久之后，帕特里克又被赶了出来，因此还降了级，接着被送到了澳大利亚南部的菲拉赫小镇。1946 年 9 月，帕特里克·德夫林在菲拉赫退伍。

附注：

“杀一儆百”是中国的一句成语。从一开始，我就对写这一章节很感兴趣，并且我尤其想写关于英国狙击手的故事。这不仅仅是因为我自己是一名英国狙击手，同时还有其他几点原因：首先，自从我所写的《一号狙击手：被包围中的英国战斗小组正传》出版后，我还没有写过其他关于狙击手的文章；第二，也是更为重要的一点，关于英国狙击手，出版的作品很少，所知的也很少，我希望我所写的这一章节能略微起到一点平衡的作用。

战争期间，狙击手并不受欢迎，并且被认为“有违道德”。当然，另一个原因就是鲜有狙击手能从战争中存活下来。在战争史上，有很多著名的狙击手，如扎伊采夫和阿勒伯格，但国籍为英国人的则少之又少。事实的确如此，我很难为我所写的文章找到一个合适的主人公。在阅读和研究大量的资料后，我注意到了步兵帕特里克·德夫林。但由于资料有限，于是我写了一封信件向帝国战争博物馆求助。很快，我便得到了博物馆的大力帮助，大量关于德夫林的私人札记送到了我的手上。最终我将主人公定为了帕特里克·德夫林。这篇文章中所有的引用都来自这些私人札记，同时我使用了一些艺术手法，完善了其中的一些细节。

第十章　哈里·M.弗内斯：作战技术专家

马克·斯潘塞

在二战时期的英国陆军军队里，狙击并不像现如今受人尊重。在那时，一个年轻士兵若被选中接受这项极其危险而又遭人误解的职业，确实是对保卫祖国的承诺及自我性格的考验。

一位来自曼彻斯特的16岁的小伙子，像全国很多士兵一样，决定贡献一己之力，于1941年报名参加了步兵团。当时那些征兵人员没有想到，年纪轻轻的亨利·弗内斯将会成为英国陆军史上最厉害的狙击手之一。

哈里参战的想法也属意料之中，因为他的父亲是一名著名的拳击手及发起人。哈里的父亲作为一位赫赫有名的轻量级选手冠军以及拳击推广者，据说，他组织的拳击表演会使著名的拳击经纪人和比赛推广人唐·金也相形见绌。

哈里身上作为一名士兵的能力，尤其是在射击和作战技术上的突出表现，很快就显现了出来，并引起了指挥官的注意。要知道这两项技能都是成为狙击手必须满足的苛刻条件。之后他被选中去参加狙击手课程，在那里，哈里出色地完成了训练项目，随后被分配到了第6营绿色霍华德团的HQ连队。被分配到HQ连队可不是像一开始看上去的那样——被送到后方无战斗区；在HQ连队，狙击手就如同迫击炮炮手和重型机关枪枪手一样重要，被看作是部队的重要资产。因此，狙击手被分配到 HQ 连队是常有的事。

部队的狙击手不仅被视为直接作战的资本，同时也充当指挥官们的耳目。他们常被派去搜集情报和信息，方便部队情报官员制作前方战场的战局图，以协助部队总指挥官员制订作战计划。然而，常规步兵却鄙视狙击手的作法，认为他们是“谋杀团伙”，抱怨每次狙击任务成功后，都会招致德国军队的迫击炮或火炮的猛烈反击。但这些并没有对年轻果敢的哈里造成影响，很快他就成为了一名专注冷酷的职业狙击手。到诺曼底登陆时，年仅 19 岁的他已经是一名经验丰富的狙击手下士了。

第 50 步兵师准备在阿若曼榭和滨海韦之间的朱诺滩上建一个滩头堡，然后向南行进至连接卡昂和巴约两地间的 13 国道。第一次作战高潮将由第 231 步兵旅和第 69 步兵旅掀起。首轮进攻结束、滩头堡建成后，第 56 步兵旅和第 151 步兵旅将在第 8 装甲旅的坦克支援下，沿着西南方向向 13 国道行进。

在诺丁汉郡义勇骑兵队（舍伍德别动队）登陆之际，第 1 营的汉普郡团和第 1 营的多赛特团在西边沿岸作战；另一边，第 5 营的东约克郡团和第 6 营的绿色霍华德团（即哈里 · 弗内斯所在团），则在东边目标区域展开进攻。

另外值得一提的是，在诺曼底登陆那天，绿色霍华德军团连队的斯坦利 · 霍利斯军士长只身一人占领了第一批部队绕道而行的碉堡。他因这一行为而被授予了维多利亚十字勋章，也是唯一一个在诺曼底登陆日获此殊荣的士兵。那一天稍后的时间里，他又率领士兵进攻并摧毁了德军的火炮阵地。无疑，斯坦利 · 霍利斯军士给像哈里这样的年轻人树立了了不起的榜样。

哈里和突击登陆梯队其他英勇的士兵们都上岸了，来到了一堵交战火力微弱的墙边，他们都非常高兴终于摆脱了摇摇晃晃的诺曼底登陆舰造成的晕船。为避免李-恩菲尔德4号步枪（英国陆军的标准狙击步枪）受到海水和恶劣环境的侵蚀，士兵们用橡皮套和胶带将其封好，直至安全上岸后才打开包裹。哈里在诺曼底行动开始阶段中负了伤，但很快便康复了，随后被派至了隶属于第49“北极熊”师的约克-兰开斯特团的哈勒姆郡营，该营在一次战役中遭受重大人员伤亡后便成为了战地后补部队。在接下来的时间里，一直到1945年5月底，哈里都在跟随剩余活下来的士兵们作战，表现十分突出。

狙击手的大部分任务就是侦察，哈里也是如此。他常常在行动的前一刻接到命令，然后只身一人前往部队阵地的前方行动。然而，他却一直是战友们辱骂和嘲笑的对象。在行动时，他会选择一个可以俯瞰附近地形有利的观察位置，在黎明前小心翼翼搭建好一个伪装良好的隐蔽处，接着便待在里面一动也不动，一直到夜幕降临，他才开始行动。在一次观察一支德国部队的行动中，哈里和同队的狙击手一连几天几夜都隐蔽在同一地点。在此期间，他们详细地记录下了德国军队的实力、武器、方位和路线。但由于他们距离德军太近，以致后来无法将这一重要情报传回自己的部队。一直到德军向后撤退后，他们才得以脱身。等回到部队向哈勒姆郡情报官员报告获取的情报时，才知道由于他们离开时间过长，已经被认定在行动中失踪。在战场上，一名狙击手的专注和耐心是无与伦比的。

对狙击位置的选择需要经过再三思考，作为一名狙击手，最糟糕的局面就是敌军狙击手也恰好正在搜寻自己或和自己在同一个领域行动。这就成了一个问题，因为双方都受过专业训练，思考和行动方式相似，所以对哈里有利的位置，对德军狙击手也同样有利，德军狙击手会认定该地区很可能隐藏着敌军狙击手，并已经盯上了该地区。选择狙击位置的要点就是不能过于明显，这通常也意味着狙击手待在那里会非常不舒服。德军狙击手是令人敬畏的对手，而哈里要在接下来的几个月里射杀他们中的若干成员。后来哈里谦虚地解释自己那么容易得手是因为其中有一人根本算不上训练有素，即便他配有狙击枪支和装备，但却缺乏技巧，而且还粗心大意。但有些士兵认为，其实是因为哈里自身的高超技能才让事情看上去那么轻而易举。

一个鲜为人知的事实是部署在整个诺曼底的德军狙击手所使用的Kar98k 毛瑟步枪都配有次音速弹药和夹式消音器，当时德军就已经意识到了用消音步枪执行狙击行动所能产生的效果，同时这一配置也相应延长了狙击手的生命。哈里早在一辆德军撤退时遗弃的武器补给车内搜索时就有所怀疑，因为他在车内搜到了一箱又一箱的次音速弹药。多年之后，相关文件和先前不为人知的消音器的发现，均证实当时德国狙击手确实配备了此类装备。

所有的德军士兵都意识到了狙击手构成的威胁，于是他们开始建立防御体系去应对英军可能的观察地点和狙击手开火地点。在这种情形下，只要稍有差池，哈里就可能会丧命。

追踪了敌人整整一个晚上后，哈里意识到天就快要亮了，但他距离己方部队太远，来不及返回，必须赶紧找一个安全的地点躲藏起来。找了半天之后，他终于发现了一个偏僻的旧谷仓。尽管第六感告诉自己不要躲在这里面，但哈里当时太累了，而且天就快亮了，极易被敌军抓获，于是第六感被他抛到了脑后，他小心翼翼地朝谷仓进发了。哈里爬上草堆之后，接着从中抽出了一些草，这样脚就可以先滑下去，从而隐蔽在里面。才开始抽草没多久，子弹就从草堆四周射过来，接着听到了一声他再熟悉不过的声响——一挺德军机关枪正在向草堆开火。哈里赶紧纵身跳到了地板上，此刻子弹仍在他头顶嗖嗖地掠过，继续隐蔽是行不通了，他开始拼命地朝来的路线跑。光是扣动德国 MG42 通用机枪扳机的声音以及子弹上膛的声音，就足以令人胆寒。哈里知道一旦听见这种声音，就意味着“希特勒的电动圆锯”随时都有可能把他切成两半。哈里仍清楚地记得，当他快速奔向可以提供掩护的树篱和低洼地时，耳旁依旧响彻着如蜜蜂般子弹的嗡嗡声。尽管他当时看见灌木在前方晃动着，但他满脑子只想着如何保命，顾不上思考灌木晃动的原因。后来他才意识到，灌木丛会晃动是因为那些射向他的通用机枪的子弹造成的。

一接近树篱，哈里就铆足了全身力气，一头扎了进去，匍匐着爬向那片安全的射击死角。一直到他起身快步逃跑时，他才意识到之前地面对身体的造成的影响，他的左腿变得不大灵活，大步行走时十分吃力。但在当时的情形下，他压根没时间检查自己的伤势。跑了一公里多后，哈里躲进了一片浓密的树篱里，终于可以喘上几口气缓一缓。另外，以防敌军继续追踪，哈里准备好了开火地点，并检查了腿伤，直到那时，他才意识到自己刚刚离死亡是多么近。检查伤势时，他发现左腿根本没有受伤的痕迹，但一摸自己的靴子，他才意识到之前逃跑时腿部不灵活不是因为他被敌军击中了腿部，而是松动的鞋跟所致。长吁一口气后，哈里暗自发誓再也不会不相信自己的第六感了，随后他安全地回到了自己的部队。

随着继续前进，盟军不可避免地要进入城区，这就增加了危险，对狙击手来说更是如此。当一个排要向一条新街道行进时，哈里和狙击小组其他成员的任务就来了。他们要从侧面进入，侦察并消灭德军机关枪阵地以及其他会对盟军造成威胁的武器。这一任务的危险显而易见，首先狙击手的数量很少，其次狙击手在实力差距悬殊的交火中极易被抓获。正是因为他们是整个部队的核心力量，所以他们接受严格训练以达到更高标准是有充分道理的。

有一次，哈里小组的一位狙击手悄悄地潜入了一栋废弃楼房的顶层，结果顶层楼梯的门毫无预兆地被打开了，一位受到惊吓的德国士兵威胁这位狙击手下楼，从他的视线里消失。为防止该名德国士兵会喊来其他德国士兵，这名狙击手只得离开，并尽快重新找到狙位。

在一次行军中，哈里侦察到了一名隐蔽着的德军士兵手持“铁拳”（反坦克火箭筒），正在等候伏击盟军坦克。哈里快速地跑到了最佳射击位置，击毙了该名德军狙击手，解除了威胁。但行动也延误了哈里的行程，狙击小组的其他成员已经走到了前面，哈里同他们失去了联系。他意识到自己必须很快赶上他们，一是为了不暴露小组行动，二是为了避免互相残杀，他可不想自己因出没异常而招致队友的误杀。朝街道四下张望，哈里看见了一辆烧毁了的德国坦克，于是他决定从现在的隐藏地点全速跑到坦克旁，并用其做掩护，再接着计划下一步快速转移。他的心跳加速，并预感到一旦暴露就立刻会听见武器开火的声音。但不管怎样，哈里还是径直冲到了一辆废弃的坦克旁。在漫长的等待之后，哈里开始沿着坦克轮胎旁边的防护装甲滑行，并探出头来观察街角，也就是他的下一个转移地点。

确定好下一个目标后，哈里做好了从隐蔽处跳出，然后全速冲到街角处的准备。正在此时，他竟然听见坦克里面传来了德军士兵的声音。更令他感到惊恐的是，坦克压根没坏，里面不仅有人在操控，而且各种功能正常。无疑，他们是在等待伏击盟军的谢尔曼坦克。显然，继续待在原地迟早都会送命，哈里别无选择，他拼了命地跑了起来，猜想自己一定会被坦克的机关枪击中。但哈里十分幸运，他上气不接下气地跑到了街角，安全地离开了坦克枪手的视线。哈里一边还在大口吸气，一边冒险从街角处探出头来，回头瞄了一眼。此时，哈里试图努力找出坦克的薄弱点。打开的舱口，暴露的燃料包壳，甚至于轮胎连接处都是穿甲弹的攻击目标。至于穿甲弹，所有的盟军都会随身携带。哈里身上的勇气克服了之前的恐惧，重新坚定自己摧毁敌军的信心后，他开始搜索起敌军来。看来，敌军的坦克驾驶员对于刚刚这位英国狙击手拿坦克作为掩护逃到街角之事毫不知情。当哈里在搜索敌军时，他们并没有开火，不一会儿反倒开着坦克离开了。哈里没有找到合适的目标，于是又开始执行保护正在行军队伍的任务。他的战友们并不知道，这位狙击手刚刚经历了何等惊险的情形。

战役转移到荷兰后，哈里接到了一项新任务——前去协助一个连队除掉一名德国狙击手，该连队已有大批士兵死于这名狙击手枪下。一接到任务后，哈里和连队的一名军官就即刻动身去寻找合适的狙位。在经过一番仔细侦察后，哈里选定了一个可以俯瞰整个地区的大型多层建筑。他隐蔽了起来，陪同的军官也躲在了破屋顶椽上。接着他们开始搜索敌军狙击手可能的隐蔽处。这项任务不仅费时，也很费力，两人在这上面花费了大量的时间。

在数小时的搜索后，陪同的军官回到了部队，留下哈里独自继续执行任务。由于这名德国狙击手已经差不多有一天没有任何行动，哈里开始怀疑他是否已经撤到一个新的狙位，在那里等候伏击行军中的盟军队伍。于是哈里采用了一个狙击手惯用的策略——再次推迟行军。就在此时，一栋正对着哈里约 400 米处的建筑引起了哈里的注意。这栋建筑在战争中已经变得破烂不堪——破烂的窗户，坍塌的木墙，几块在风中晃荡的木板。当哈里透过望远镜侦察时，他注意到一块破木板轻微的移动，随即哈里迅速放下望远镜，换上了狙击步枪。哈里在等待着。

随着哈里进一步的观察，他认定之前所见的是敌军狙击手在用手轻轻地移动破木板。哈里根据敌人胳膊的位置，大致判断出他所处的位置，接着他朝这个位置开枪了。之后他又继续观察了一个小时，但对方没有进一步的行动。于是他回到了连队，向连长报告了刚刚发生的事情，并且认定这名德国狙击手已被他击毙。

当晚，连队展开战斗巡逻，想要为总部抓获一名敌军以获取情报。在突袭中，一名下士和两名巡逻队员进入了哈里之前认为德国狙击手藏身的那栋建筑里。在返回英军阵地的途中，那名下士把哈里找来，递给他一把配备 4 倍望远镜瞄准具的德国 G43 狙击步枪。他告诉哈里，这把狙击步枪是他们在那栋建筑里阴影处的一张桌子上发现的，在桌子的前面，也就是木墙的旁边，躺着那名头被射穿的德国狙击手的尸体。和之前一样，哈里留下了望远镜瞄准具，但是没有要那把狙击步枪——这种步枪质量过重，并且使用时，由于不同于盟军的武器的声音，反倒可能会招致盟军的火力攻击。战争结束时，哈里一共得到了好几个德国望远镜瞄准具，并收藏了很多年。

出于狙击任务高强度的压力和体力需要，教练们通常以单人作战形式来训练狙击手，锻炼他们在战斗中即使战友阵亡后也必须坚持到底。但在实际作战中，考虑到减轻狙击手的工作量和压力，通常他们都是组队去执行任务。而哈里·弗内斯却倾向于独自作战，这样他的战绩反而会更突出。在队伍的前方单独行动有很多的不利之处，比如，产生远离大部队的孤独感，缺乏掩护和支援，如果一旦敌军出现后，部队常常会忽视掉这个被派出去的狙击手。很多狙击手都有过类似的经历，最后他们只能依靠自己的作战技能活下来，再次找到原部队。狙击手一旦出来执行任务，便吃不到食物，也不能及时补充物资，哈里就曾不止一次的挨饿并缺乏物资。没有一个人想过或者是关心过这个在部队前方的“杀人魔头”，他们从来没有意识到有多少敌军迫击炮手、机枪手和突袭巡逻的敌人死在夜间独自作战的狙击手枪下，以及他们所做的拯救了多少名前线步兵的命。一直到60年后，甚至更长的时间，狙击手们才赢得了真正的认可，而这些赞美本该是他们早就应得的。

哈里的大部分时间都用于在部队前方执行搜索和侦察的任务，具体来说就是搜索德军阵地、武器装备和德国狙击手。在执行这些任务时，他会运用之前在训练中学到的有关搜索和侦察的办法，尤其善用7倍的双筒望远镜，使用这种双筒望远镜时，狙击手需要把地面分割为左—中—右，近—中—远，然后进行依次扫描。在搜索敌军阵地时，要遵循从近及远的顺序。哈里从之前的训练中学会了要从最近的地方开始搜索，因为越近的地方，对他安全的威胁越大。

远距离搜索目标时，哈里会用到侦察团望远镜。侦察团望远镜早在19世纪就开始使用，著名的特拉法加战役中，纳尔逊上将用的就是这种望远镜，在当时算是比较先进的望远镜了。然而，就算在今天看来，它也的确是一个性能优越的光学仪器——镜筒缩短，易于装入皮套，携带方便，且零部件拆卸容易，方便清洗镜头。然而，这个望远镜操作起来却不易，很多狙击手往往会把镜头装反或者装错位置，并且会折腾上半天弄清为什么他的望远镜不能正常工作！

哈里并不总能躲在黑暗中避开德军的侦察。对于哈里和其他英国狙击手来说，大白天在德军附近行动也是常事。在白天前进的时候，狙击手们必须要格外小心，除非隐蔽得很好，否则他们一般都采用爬行前进。狙击手在部队的主要任务就是收集情报，以及适时击毙目标敌军来减弱敌军的战斗力。哈里也不例外，常规任务就是寻找敌军的军官、工程师、机枪手、迫击炮手、暴露的坦克手以及操控威力极大的 88 毫米高射炮的士兵。一旦发现目标后，哈里还会非常仔细地考虑自己的行动将会造成什么样的影响。如果当时部队正在暗中前进，而德军还没发现部队的踪迹，自己一枪打出后，反倒会暴露这个地方有英国军队，因而让德国人提早进入高度戒备状态。此外，他还要考虑到德军将会对自己所在的部队采取何种报复行动，与所击毙的目标敌军的价值进行权衡，因为很可能他击毙这一个目标，却导致部队几条生命的损失。

所以，开枪前仔细考虑是非常必要的，即使是最优秀的狙击手，也并不是每次都有应对全局的战术知识和理解力——一枪一弹都可能会招致敌军迫击炮或火炮的报复性攻击。在这种情况下，狙击手往往会陷入进退维谷的境地。有一次，哈里依旧像往常一样独自行进在部队前面，突然发现了敌军的一小队人马，包括几名德国军官，正围着铺在车身上的几张地图，显然是在商讨下一次作战计划。哈里密切观察了几分钟，通过观察他们的举止判断出谁是头头——由于狙击手的存在，在战场上没有人会佩戴军衔——随后哈里认定了其中一个人是高级军官，接着他估算好距离，调好了他的 32 号狙击瞄准具，对准了目标，一枪过后，子弹不偏不倚正中目标。哈里根据附近德军的反应，断定接下来将会发生的事情。哈里认为他所射杀的对象要么是一名官阶很高的军官，要么是一名极受士兵爱戴的军官。就在短短几分钟之内，哈里所在的地方就变成了一个震耳欲聋的人间地狱。从小型武器到迫击炮、火炮，乃至坦克，都齐刷刷地朝着哈里方向开火。德国人在疯狂发泄他们的愤怒，他们想要为死去的指挥官报仇雪恨。在那无比的漫长 8 分钟内，哈里就像一个被丢弃的洋娃娃一样躺在地上，在德军的狂轰滥炸下，身体会时不时地弹跳或摇晃几下。哈里 · 弗内斯非常幸运，尽管丧失了部分听力，但他还是爬回了防线内，成为了部队里“罪有应得”的典型代表。

像这样的遭遇，在向德国进军的途中，哈里还经历过几次。别人失败了，但哈里却一直得到好运的庇佑。很快他成为了原部队中仅存的几名狙击手之一。当我问及哈里，是什么让他变得比别人优秀，以及帮助他在战争中存活下来，他回答说是对细节的注重以及运气。

哈里的生死往往来自瞬间的决定。能在任何地形中隐蔽得很好，以及学会了相信“第六感”，是他在战争中活下来的关键所在。关于第六感，我在训练狙击手时，也一直在给他们灌输这一点，一位优秀的狙击手在困境中要有第六感。开枪之后，哈里能够保持纹丝不动达半小时之久，因为此刻敌人肯定在一心一意地寻找他，想要杀掉他以除去威胁。作为一名狙击手，从来就没有投降的权利，事实表明，几乎没有士兵会乐于把狙击手关押起来，所以保持不被敌军发现是狙击手最好的防卫。甚至在给步枪重新上子弹时，动作也要非常缓慢，因为在无人区，稍稍一点动静就能被敌军发现。任何一个快速或突然的行动都会引起敌军的注意，即使这个动作只是被敌军的隐约发现。一旦确定了狙击手的大致区域，火炮或迫击炮通常都能够把他翻出来。在战争期间，哈里受过不少由迫击炮或火炮弹片造成的小伤。

哈里通常会采取配合周边环境的射击姿势，但多数情况下采用的都是霍金斯式。这种射击姿势十分低调，具体动作为：步枪着地，枪托底端嵌入地面，肩膀则位于其上而不是其后。左手握拳托住枪筒，枪背带缠绕在左臂上，狙击手的脸颊平放在枪托上，眼睛直视32号瞄准具。天气干燥的情况下，有一个小窍门就是在枪筒前洒上一些水或放置一块湿布，以防枪口风激起灰尘，向敌军观察员暴露自己的位置。一旦被发现，无疑会招致敌军报复性反击，从而增加士兵们死亡或受伤的概率。

哈里从来不吸烟，但是他得知香烟可以作为硬通货来换取他想要的东西，这样他执行任务时也就容易些。在交易中，他可以频繁地和机关枪手打交道，而机关枪手为了换取香烟，他们允许哈里在弹药储备中寻找那些生产序列号相同的同批次弹药。哈里等狙击手都知道，同一生产批次的子弹稳定性更好，在远距离射击时命中率也更高。显然这一点对于狙击手来说是极其重要，他们需要在远射程内命中目标敌军，所以在哈里看来，这项交易十分划算。而对于机关枪手来说，他们的目标就是要击中尽可能多的敌军，至于稳定性如何倒无关紧要，甚至有碍于执行任务，相比而言，哈里的香烟对他们的价值则大得多。

哈里从不使用德军武器，在这一点上他十分谨慎。他设想的最糟糕的情况是这样的：一旦他被捕，假如他成功隐瞒了自己狙击手的身份，还可能有一线生机，但如果德国人在他身上搜到了德军的武器，这一线希望立刻就会烟消云散。他们会认为哈里洗劫了阵亡的德国士兵，而实际上这种情况确实发生过。在击毙目标敌军后，他很少会走到他们身边确认死亡与否，因为他不确定是否周围还有其他敌军看到了这一幕，而此刻有可能某个敌军正躺在一边准备复仇。在哈里眼中，活着比确认杀敌数更为重要。

曾经有过一次例外。在一次任务中，哈里像往常一样走在盟军主力部队前方潜行搜索目标，正当他准备跨过一条乡村公路时，他觉察到有辆机车正向他靠近，而且噪音越来越大。哈里知道来者肯定是德国人，于是他赶紧找了个地方躲了起来。在隐蔽处，哈里可以俯瞰到那条从一排树前面延伸出来的道路，也正是噪音传来的地方。不一会儿，一个骑着军用摩托、挎着一个信件包的德国通信员进入了哈里的视线。哈里此刻要做决定了：这个信件包里面可能装着重要的情报，但由于还没有对此地进行长时间地侦察，哈里不确定那排树后面是否还有其他德军，贸然开枪只会暴露自己的位置。最后，已经习惯了做出瞬间决定的哈里开枪了，随即通信员从摩托车上跌落了下去。事情简单的部分完成了，敌军通信员已被击毙，躺在了距离哈里隐蔽处约300米的地方，现在哈里开始等待。他知道，现在快步走到通信员尸体前去拿包，万一有其他敌军看到了这一幕，则很可能是死路一条；但只是干等着，信件包又很可能会被过往的其他德国机车里的敌军捡走。哈里不得不将自己的性命和信件包里情报的价值进行权衡——毕竟很有可能，包里物品的内容只是本周的天气预报。权衡结束后，哈里沿着一条隐蔽的路线，小心翼翼地保持轻微的移动幅度，慢慢地接近那个被击毙在地的通信员。

在一阵痛苦且费时的潜行之后，哈里终于到达了路边。尽管他当时距离尸体只有一臂之遥，但他还是抵制住了冲动的诱惑没有贸然行动。接着，哈里又保持一动不动地躺了三十分钟，一直到他确定那具尸体不在敌军的监视范围内。哈里的心跳急剧加速，慢慢地从隐蔽处走到了尸体旁，拿到了信件包和一把鲁格尔手枪。哈里了解这把枪的价值，就连担心被敌军搜身发现的恐惧感也都被抛诸脑后。他准备把这把枪卖给一名美国士兵。把信件包背到身上，哈里又继续了返回阵地的长距离潜行。到达营地后，他把包交给了情报官员，却不过问包里到底装的是什么，只是一心专注于自己的任务。

哈里即将在一个德国小村庄的郊外结束自己的战争生涯。尽管已经收到了停止行军、准备停火的军令，但指挥官唯恐以后又会收到恢复行军的军令，所以还像往常一样，派遣哈里单独去侦察村庄里是否有德军。在把村子搜索了一遍之后，哈里发现在隐蔽处不远的地方，有一个十八九岁的德国姑娘，正在屋子后面的晾衣绳下晾衣服。在过去几天里，哈里一直在忙着执行任务，连一顿饭也没有吃上。现在他实在饿得不行了，最后他决定冒险暴露自己，去向这位姑娘讨些食物，他预感这位姑娘不会跑开或是被惊吓到。事实如此，带着德国人的好客精神，这位姑娘把哈里领进了家，并介绍给了她的父母。她的父母随即从自家拮据的食物配给中拿出食材，为哈里做了一顿饭——这是德国人对士兵的敬意，不管这名士兵是来自本国还是他国。哈里被这一家人的慷慨和好客精神深深打动了，更不用提那位年轻美丽的德国姑娘了。吃完之后，哈里回到了队伍中，向他的指挥官报告了村庄里没有德军部队，并用之前缴获的战利品换取了茶叶、咖啡、糖以及其他一些食物。随后他又悄悄地潜入了树林中，打了一只鹿。带上这只鹿和换来的所有食物，哈里回到了那位德国姑娘家，偿还他前一天所受到的善意款待。

后来，哈里的军队确实收到了停止一切敌对行动的军令，就这样，欧洲战场的战争结束了。对于哈里，战争结束了，他也开始了人生的新篇章。后来，他和那位年轻的德国姑娘坠入了爱河，并一直持续到今天。这位成功的英国狙击手，将会和这位在战争结束时遇见的德国姑娘共度余生。

哈里知道所有有关于赫斯基思 - 普里查德少校的事迹。一战期间，正是赫斯基思 - 普里查德少校的想法促成了第一所狙击学校的建立，他被公认为英国狙击的开创者。在赫斯基思 - 普里查德的一张肖像照中，他的制服领带上别了一个领带夹，和英国皇家空军战斗机飞行员解开制服最上面纽扣的行为相类似，这也是个不同寻常的做法。在战后，哈里的一张宣传照中，他也别着这样一枚领带夹。无疑，这是在向伟大的狙击手教练赫斯基思 - 普里查德致敬，同时也表明了哈里和其他士兵作为一名狙击手无上的自豪感。

狙击手制服和装备

当哈利乘登陆艇到达朱诺滩时，所有狙击手所穿的制服同步兵的一样，到了诺曼底登陆那天，他们才配发了英国和英联邦军队标准的战斗服。大多数狙击手想出了一些改造制服的方法，以方便自己更好地执行任务。尽管这不符合英国军队传统的制服标准，但考虑到狙击是一项个体性很强的军种，适合这个狙击手的不一定就会适合其他狙击手，所以对于这一点，大家也都睁只眼闭只眼。随着战争的继续，迷彩服开始出现在战场上了，另外，伞兵们所穿的著名的丹尼森罩衫，也逐渐派发给了狙击手们。罩衫的袖口上缝制了袜子，用以御寒。很多狙击手还都请部队里的裁缝在夹克衫后面缝制了一个大拉链口袋，用来装带侦察团望远镜，这样一来他们就不再需要把它装进皮套挂在肩膀上，那样既笨重又繁琐。

为完成更大程度的伪装，狙击手们还用深绿色的布兰科染剂给薄片齿轮染色（和平时期通常把薄片染成白色），同时还使用汽车油漆来遮盖金属配件的黄铜。此外，他们通常还会随身携带挖掘工具，用来挖掘用于藏身、放下帆布背包、瓶装水和食物的隐蔽处。狙击手还会配备手枪，用于近距离作战。包括英国制造的0.38口径的手枪、手枪皮套和弹药袋。但真到了作战时，很多狙击手都会把0.38口径的手枪换成0.45口径的柯尔特自动步枪，因为这种枪的弹匣容量更大、杀伤性更强。

此外，狙击手们还会携带费赛尔士战斗刀，突击队和伞兵部队士兵通常佩带这种刀。他们一般把刀放入袋子里，再将袋子和战斗服的裤子缝合在一起；或者把它装进刀鞘里，绑在小腿上。当初这种刀是为哨兵设计，但也适用于狙击手，他们主要用它来探测地雷。用于精准导航的棱镜罗盘也是狙击手常备物品之一，他们一般把它放在罗盘袋里，然后用绳索系在腰带上以防丢失。至于配发的双筒望远镜，一般都会被染上迷彩色，并系上麻绳来掩盖其形状（李-恩菲尔德步枪也是用这种办法进行伪装的），然后挂在狙击手的脖子上，同时，为防止跳跃或妨碍狙击手行动，望远镜被固定在了罩衫领子上。

在诺曼底那起严重的迫击炮事件中，哈里的头盔被一大片弹片击中却没有受伤，在那之后，哈里就常常带着一顶头盔，这在狙击手中有些不大常见。当时很多照片中的狙击手都戴着临时凑合使用的头饰，一般为一个面纱和一条围巾，但这也恰好说明了狙击手的个体性突出，以及当时的军队允许他们在服饰上享有一定的灵活性。对于哈里，他也常常带着一个面纱，并把它系在黄麻布伪装服上，然后往下拉，一直到遮盖在步枪上。这样一来，当他待在开火位置上时，这些装备可以更好地分解他的轮廓，从而有助于隐蔽。

脸部伪装也非常重要，和大多数狙击手的装备一样，这也是狙击手自己动手准备的。哈里就经常使用灶火的煤烟以及烧焦的软木在脸上和手上划上迷彩条纹。在训练中，狙击手们使用的是蜜丝佛陀化妆品，但这些在战场上很难弄到，所以狙击手大多自己动手准备。很多狙击手还都随身携带黄麻布沙袋，用来遮盖自己的靴子和靴子踩踏的印迹，以防在地上留下痕迹被德军发现，而让他们觉察出有狙击手在附近出没。

随着战争的进行，针对专业部队，尤其是狙击手部队，设计生产了越来越多的特别装备，装有干扰消除器的斯特恩式轻机枪就是其中一个例子。狙击手和观察员的二人小组会得到一把装有干扰消除器的斯特恩式轻机枪，由观察员使用。在偶然发现敌军哨兵或士兵时，观察员会不动声色地使用这把机枪除掉他们，以便小组可以快速撤离，避免一场以寡敌众的交战。另一个就是关于早先发放的伪装防风外套和裤子的升级改进。这款服装因配发给突击队、空降部队和英国空军特别部队而闻名，并延续使用了多年，直至今日，一些部队仍偏爱它那不规则的图案。哈里也得到了这样一套防风外套，他当时认为这种外套仍处于试验阶段，但他并不知道，在那时，这种防风外套已经在特别部队和整个第 52 山地师内广泛使用。

1944 和 1945 年的冬天，是欧洲有史以来最为寒冷的冬天，大部分的地区都下了大雪。德国军队有了在东部战线和阿尔卑斯山战斗的经验，比盟军早早地就备好了冬季伪装服，事实证明这一点在突出部之役中具有很明显的优势。在突出部之役中，美军在穿越树林，寻找德军时极为艰难。英国军队看到了要改进部队伪装服的需求，所以生产了全白的防风外套，并发放给狙击手、有限数量的专家以及步兵部队。哈里就是其中一员。凭借自己关于伪装和作战的认识，他决定自行动手“修饰”自己的这套白色防风服。哈里要来了一些绿色汽车燃料，然后在他那白色的防风服上添加了一些绿色的条纹和形状，更好地运用到他的作战区域，和被雪覆盖的树木保持协调。此外，他还使用那些用香烟换来的白布条和绷带伪装了自己的步枪和头盔。

总的来说，在第二次世界大战期间，尽管英国狙击手通常都会被身边的战友误解，但他们还是努力通过多种途径来改善自己的装备，以求完成目标。狙击手们的心灵手巧及足智多谋都被记录在了狙击手手册和讲义中，发放给后来的狙击手们，这成为了一种传统，并传承至今。正是像哈里·弗内斯这样丰富经验、技能高超的狙击手，才造就了今天实力不容小觑的英国狙击手。